KRUSE/HEUN

Rechne kaufmännisch

1. Teil

Bearbeitet von

Dipl.-Hdl.
Hans Rollshausen

Dipl.-Hdl.
Lothar Surkau

ISBN 3-8045-
5101-7

124., überarbeitete Auflage, 1995

**Winklers
Verlag
Gebrüder
Grimm
Darmstadt**

51011

Vorwort zur 124. Auflage

Obwohl viele Benutzer mit Recht eine gewisse Kontinuität der Schulbücher durch unveränderten Nachdruck über mehrere Auflagen wünschen, zwingt die wirtschaftliche Entwicklung Autoren und Verlage von Zeit zu Zeit zur Aktualisierung betroffener Bücher.

Da Devisen- und Effektenkurse täglich an den Börsen neu ermittelt werden und zum Teil erheblichen Schwankungen unterliegen, können die in diesem Buch verwendeten Kurse nur beispielhaft sein; ihre jeweilige Höhe hat keinen Einfluß auf den Lösungsweg.

In der vorliegenden Bearbeitung erfolgt die Anpassung an die Umstellung deutscher Banken und Sparkassen auf die Euro-Zinsmethode bei der Berechnung der Zinstage.

Im August 1995   Verlag und Bearbeiter

Inhaltsverzeichnis

© Winklers Verlag · Gebrüder Grimm · Darmstadt   51012

1. Abschnitt:
Rechnen mit ganzen und dezimalen Zahlen

I. Addition

Übungstafel:

	a	b	c	d	e	f	g	h	i	k
1.	5	17	34	38	12	33	464	486	2 194	7 286
2.	8	14	35	81	29	38	172	374	6 500	2 515
3.	3	19	23	43	97	41	204	609	3 400	3 025
4.	9	12	50	45	25	66	721	419	8 684	6 307
5.	6	13	56	47	62	28	630	261	4 019	2 513
6.	7	82	59	75	95	18	251	460	1 931	8 922
7.	2	15	42	63	48	27	842	904	5 008	9 838
8.	4	16	76	56	44	24	350	740	3 760	5 263

Üben Sie bis zur sicheren Geläufigkeit: **1***

a) Addieren Sie in der obigen Übungstafel je zwei nebeneinanderstehende Zahlen der Zeilen 1–8.

b) Addieren Sie auch je zwei untereinanderstehende Zahlen der Spalten a bis k.

c) Vermehren Sie die Zahlen der Spalte g um die Zahlen der Spalte h.

d) Die Zahlen der Reihen f und g sind cm. Schreiben Sie sie als m, und addieren Sie jede Spalte und jede Zeile. Addieren Sie auch die Zeilensummen und die Spaltensummen. Machen Sie die Probe.

Addieren Sie die ersten 6 Zahlen der Zeilen 1 bis 8 (bis Spalte f), indem Sie sie **2***
vorteilhaft ordnen. Zeile 1 also z. B. so: $17 + 33 + 38 + 12 + 34 + 5$.

a) $2,28 + 0,54$ b) $0,32 + 0,69$ c) $0,65 + 0,38 + 1,35 + 6,4\ + 2,17$ **3***
$1,18 + 3,96$ $0,73 + 1,2$ $0,7\ + 2,15 + 0,85 + 4,3\ + 0,92$
$1,8\ + 0,65$ $2,43 + 1,7$ $3,20 + 2,4\ + 5,8\ + 1,80 + 0,75$
$0,9\ + 2,18$ $1,9\ + 0,75$ $0,98 + 1,02 + 2,45 + 1,49 + 1,55$

Üben Sie ein schnelles und sicheres Addieren. Sprechen Sie nur die Zwischenergebnisse, nicht die einzelnen Posten aus (vgl. Aufgabe 4 a).

Merke: Fassen Sie benachbarte Zahlen zu Zehnergruppen zusammen.
              (Siehe Klammern in Nr. 4 a, Seite 4.)

Prüfen Sie das Ergebnis durch Richtungswechsel: Addieren Sie die Reihen von unten nach oben, dann zur Probe von oben nach unten, bis Sie zweimal das gleiche Ergebnis erhalten.

---

* Kopfrechenaufgaben

4

a)	b)	c)	d)
384,50 DM	275,40 DM	53 281,80 $	4 125,125 kg
36,25 DM	35,28 DM	21 625,60 $	936,550 kg
3,75 DM	204,42 DM	9 386,25 $	2 381,475 kg
173,12 DM	716,31 DM	62 810,75 $	886,325 kg
257,90 DM	232,29 DM	6 318,15 $	508,685 kg
840,38 DM	463,37 DM	3 844,30 $	714,935 kg
966,15 DM	85,22 DM	47 266,75 $	1 907,215 kg
54,95 DM	120,51 DM	5 592,70 $	5 063,775 kg
38,17 DM	531,12 DM	19 631,08 $	481,355 kg
144,03 DM	83,53 DM	4 310,42 $	6 397,245 kg

5 Übertragen Sie das folgende Schema in Ihr Heft. Errechnen Sie die Summe der
1. Spalte, übertragen Sie diese in die 2. Spalte, addieren Sie weiter, übertragen
Sie auch die 2. Zwischensumme und errechnen Sie dann das Gesamtergebnis
(Summe).

	Übertrag: ? DM	Übertrag: ? DM
175,— DM	70,62 DM	295,32 DM
118,75 DM	18,14 DM	107,16 DM
36,42 DM	7,38 DM	96,94 DM
109,40 DM	218,75 DM	15,43 DM
93,40 DM	43,06 DM	76,67 DM
6,36 DM	85,24 DM	174,12 DM
2,04 DM	73,36 DM	263,40 DM
27,15 DM		
Übertrag: ? DM	Übertrag: ? DM	Summe: ? DM

Beachte: Prüfen Sie Überträge vor dem Weiterrechnen auf ihre Richtigkeit. (Wichtig
wegen der häufigen Zahlenumstellungen, z. B.: 3514,80 statt 3541,80.)

6 Teilen Sie lange Zahlenreihen in Abschnitte ein, bilden Sie erst Teilergebnisse
und daraus die Endsumme.

a)	b)	c)	d)	e)
2,25 DM	345,85 DM	4 328,75 DM	12 731,12 DM	418 078,22 DM
0,80 DM	216,28 DM	9 163,55 DM	18 328,78 DM	372 438,19 DM
3,16 DM	95,15 DM	7 451,25 DM	22 436,19 DM	144 351,28 DM
2,25 DM	684,36 DM	532,60 DM	51 671,05 DM	252 433,11 DM
8,18 DM	352,75 DM	291,85 DM	72 432,41 DM	45 687,27 DM
12,50 DM	801,20 DM	1 356,15 DM	18 152,85 DM	122 351,78 DM
2,95 DM	315,38 DM	98,68 DM	24 153,17 DM	48 978,71 DM
0,83 DM	543,14 DM	817,46 DM	9 111,73 DM	121 377,09 DM
7,16 DM	467,96 DM	6 325,75 DM	44 511,09 DM	798 431,72 DM
14,58 DM	52,25 DM	732,96 DM	62 754,44 DM	455 933,51 DM
6,15 DM	916,78 DM	8 849,25 DM	43 388,21 DM	83 766,03 DM
24,37 DM	581,36 DM	9 910,82 DM	12 706,06 DM	5 742,19 DM
9,95 DM	769,74 DM	7 605,— DM	3 333,02 DM	112 851,09 DM
78,26 DM	162,08 DM	3 738,96 DM	458,07 DM	838 588,77 DM
6,24 DM	316,65 DM	125,37 DM	1 010,10 DM	17 655,74 DM
46,35 DM	794,45 DM	4 518,95 DM	351,77 DM	108 544,09 DM

51014

19,15 DM	234,73 DM	5 936,48 DM	32 638,17 DM	245 638,97 DM
18,80 DM	224,32 DM	2 283,75 DM	3 458,09 DM	378 111,04 DM
6,46 DM	632,15 DM	1 918,25 DM	18 387,06 DM	22 673,03 DM
8,24 DM	25,90 DM	7 624,66 DM	42 444,01 DM	151 444,22 DM
4,35 DM	806,75 DM	8 132,88 DM	4 558,03 DM	81 653,78 DM
38,78 DM	230,25 DM	475,25 DM	978,04 DM	443 788,22 DM
53,25 DM	68,54 DM	6 393,80 DM	12 918,50 DM	578 492,05 DM

7 Addieren Sie die fünf Spalten von links nach rechts, bilden Sie jeweils den Übertrag und ermitteln Sie so das Gesamtergebnis.

1. 1,75 DM	11. 12,75 DM	21. 15,18 DM	31. 3,15 DM	41. 9,18 DM
2. 2,42 DM	12. 4,37 DM	22. 9,25 DM	32. 14,25 DM	42. 3,25 DM
3. 14,18 DM	13. 1,83 DM	23. 8,46 DM	33. 0,90 DM	43. 8,60 DM
4. 8,35 DM	14. 18,64 DM	24. 32,85 DM	34. 8,86 DM	44. 13,75 DM
5. 11,90 DM	15. 7,18 DM	25. 4,30 DM	35. 2,25 DM	45. 15,92 DM
6. 7,17 DM	16. 3,80 DM	26. 7,12 DM	36. 10,38 DM	46. 6,82 DM
7. 16,24 DM	17. 17,45 DM	27. 12,05 DM	37. 1,62 DM	47. 29,45 DM
8. 0,85 DM	18. 32,62 DM	28. 6,68 DM	38. 5,35 DM	48. 5,18 DM
9. 6,37 DM	19. 41,75 DM	29. 31,55 DM	39. 14,84 DM	49. 2,17 DM
10. 21,36 DM	20. 9,12 DM	30. 11,20 DM	40. 19,17 DM	50. 11,62 DM

8 Eine Verbrauchermarktkette stellt die Umsätze der einzelnen Märkte zusammen und ermittelt den Gesamtumsatz nach Warengruppen und Märkten:

Warenwert	Filiale I	Filiale II	Filiale III	Filiale IV	Filiale V
Gemüse, Obst	34 187,15	43 722,18	23 823,13	45 128,13	34 236,12
Konserven	22 931,34	12 564,26	43 618,28	23 261,58	33 417,28
Teigwaren	43 862,51	33 291,53	34 239,63	44 973,62	54 663,17
Fleisch und Wurstwaren	54 393,72	44 873,61	23 117,52	34 652,44	12 754,83
Getränke	1 864,83	21 632,74	1 963,71	11 726,76	1 948,54
Non-food	32 715,96	22 584,85	21 822,87	22 378,27	21 895,75

9 Stellen Sie die Rechnung über folgenden Einkauf zusammen:

1 Paar Damen-Lederhandschuhe	67,95	5 Frottier-Badetücher, 29,80 DM je St.	
1 Schmuckkassette	49,85	3 Packungen Waschhandschuhe, 9,85 DM je Packung	
1 Herrentasche	139,75	Hausmantel	119,50
1 Damen-Handtasche	158,70	Jogginganzug	89,50

10 Addieren Sie nacheinander die Spalten a)–d), ohne einen schriftlichen Übertrag zu machen:

a)	b)	c)	d)
24 716,38 DM	664 571,22 DM	124 638,77 DM	54 733,21 DM
13 544,22 DM	251 433,18 DM	63 611,12 DM	638 481,24 DM
1 987,74 DM	355 761,90 DM	144 003,78 DM	711 633,78 DM
15 404,16 DM	22 354,48 DM	52 631,48 DM	44 603,51 DM
13 766,78 DM	118 716,74 DM	434 598,77 DM	121 110,05 DM

II. Subtraktion

1* Die Zahlen der Übungstafel S. 3, Spalten g und h, sind Pfennige. Drücken Sie die Pfennige in DM aus und ergänzen Sie sie jeweils zu 10,— DM.

2* Die Zahlen der Übungstafel, Spalten i und k, sind Gramm. Drücken Sie sie in kg aus und ergänzen Sie sie jeweils zu 10 kg.

3* Stellen Sie fest, um wieviel jede Zahl in den Spalten f und h größer oder kleiner ist als die Nachbarzahl.

Merke: Zählen Sie zur kleineren Zahl (Subtrahend) soviel hinzu, bis die größere Zahl (Minuend) erreicht ist. Der Minuend kann oben oder unten stehen („additive Subtraktion").

Beachte: Prüfen Sie das Ergebnis, indem Sie die beiden kleineren Zahlen zusammenzählen. Sie müssen die größere Zahl (Minuend) ergeben.

4 Berechnen Sie das Reinvermögen aus:

	a)	b)	c)
Vermögen:	72 346,72 DM	132 426,50 DM	154 586,25 DM
Schulden:	37 432,87 DM	74 539,85 DM	90 789,90 DM

Ermitteln Sie den Saldo und geben Sie an, um welche Art von Saldo es sich handelt.

	d)	e)	f)	g)
Soll:	961,84 DM	450,25 DM	3 084,18 DM	2 040,55 DM
Haben:	2 117,12 DM	7 576,23 DM	6 197,35 DM	756,64 DM

5 Subtrahieren Sie, ohne die beiden Zahlen untereinanderzuschreiben:

a) 7 631,75 DM − 2 238,35 DM   c) 4 415,85 DM − 2 978,65 DM
b) 1 718,45 DM −   826,10 DM   d) 1 068,09 DM −   975,48 DM

6 Berechnen Sie den Endbestand aus:

	a)	b)	c)
Anfangsbestand:	4 635,785 kg	6 824 Stück	837,80 m
Verkauf:	3 178,650 kg	3 716 Stück	498,90 m

Ermitteln Sie den Lagerschwund aus:

	d)	e)	f)
Sollbestand:	14 638,500 kg	7 355,80 m	5 783,18 m²
Istbestand:	14 599,650 kg	7 349,95 m	5 778,93 m²

7 Ermitteln Sie den Endbestand.

	a) Kaffee:	b) Tee:	c) Kakao:	d) Reis:
Vorrat:	318,250 kg	986,550 kg	4 100,000 kg	3 185,625 kg
Einkauf:	11,400 kg	19,350 kg	342,375 kg	137,300 kg
	6,180 kg	142,275 kg	108,490 kg	8,275 kg
Verkauf:	78,100 kg	28,680 kg	96,560 kg	253,790 kg
	9,275 kg	39,525 kg	258,730 kg	69,560 kg

6

Subtrahieren Sie, ohne die Zahlen untereinanderzuschreiben: **8**

a) 438,12 DM − 42,28 DM − 13,16 DM − 172,58 DM − 53,77 DM − 38,18 DM
b) 500,00 kg − 48,750 kg − 33,625 kg − 121,750 kg − 53,125 kg
c) 150,00 m − 12,25 m − 24,35 m − 31,20 m − 10,10 m − 24,75 m

Berechnen Sie das Guthaben bzw. den neuen Kassenbestand.   **9**

Scheckgutschriften:	6 127,80 DM	Kassenbestand:	8 912,65 DM
	781,72 DM	Einnahmen:	612,13 DM
	412,47 DM		1 745,18 DM
Lastschriften:	1 626,35 DM	Ausgaben:	563,17 DM
	87,19 DM		2 817,25 DM
	273,18 DM		48,29 DM

Schließen Sie das Kassenkonto ab. Schließen Sie das Bankkonto ab.   **10**
                                                                     11

Einnahmen		Ausgaben	Soll		Haben
234,55		685,17	2 418,17		346,71
81,—		3,—	356,25		1 318,35
641,95		50,—	1 732,48		2,86
508,35		728,18	297,—		429,13
1 517,28		160,27	2 741,75	**Saldo**	❸
311,65		409,60	682,16		
478,47	**Bestand**	❸	105,45		
62,05			543,63		
❶		❷	❶		❷

Merke: 1. Zählen Sie die Posten der größeren Seite zusammen. ❶
2. Schreiben Sie die erhaltene Summe auch auf die andere Kostenseite in die gleiche Höhe. ❷
3. Ermitteln Sie auf der kleineren Betragsseite den Saldo **(Differenz)** durch Ergänzen. ❸ Dieses Verfahren nennt man Saldieren.

Schließen Sie das folgende Lieferer-Konto ab: **12**

Soll		Wenz & Co. KG	Haben
Scheck-Nr. 00324	158,—	Vortrag	3 146,80
Überweisung	264,50	ER Nr. 481	264,50
Überweisung	81,37	ER Nr. 628	83,—
Skonto	1,63	ER Nr. 693	72,65
Saldo	❸	ER Nr. 726	451,75
		ER Nr. 815	1 254,—
		ER Nr. 862	532,40
	❷		❶

13 Ermitteln Sie das Eigenkapital:

Aktiva		Schlußbilanz		Passiva
Gebäude	126 700,—	Hypotheken		32 600,—
Fahrzeuge	32 528,70	Darlehen		10 000,—
Geschäftsausstattung	27 251,89	Verbindlichkeiten		16 780,15
Warenbestand	61 677,25	**Eigenkapital**		❸
Forderungen	15 731,79			
Bankguthaben	22 654,19			
Kasse	3 276,15			
	❶			❷

14 Ermitteln Sie den Reingewinn:

Aufwendungen		Gewinn u. Verlust		Erträge
WEK	541 637,12	WVK		725 403,22
Personalkosten	55 721,13	Zinserträge		167,50
Raumkosten	28 155,60	Skontoerträge		234,69
Steuern	13 722,89			
Werbungskosten	18 567,05			
Kfz-Kosten	7 636,45			
Transportkosten	8 724,03			
Allg. Verwaltungskosten	10 758,89			
Abschreibungen	24 844,—			
Reingewinn	❸			
	❷			❶

III. Multiplikation

1* Üben Sie bis zur Sicherheit das **große und kleine Einmaleins:**

a) der Reihe nach; z. B.: $1 \cdot 6$, $2 \cdot 6$, $3 \cdot 6$, $4 \cdot 6$, $5 \cdot 6$ usw.;
b) lediglich Ergebnisse aufwärts; z. B.: 6, 12, 18, 24, 30 usw.;
c) lediglich Ergebnisse abwärts; z. B.: 60, 54, 48, 42, 36 usw.;
d) außer der Reihe; z. B.: $3 \cdot 6$, $8 \cdot 6$, $5 \cdot 6$, $9 \cdot 6$, $7 \cdot 6$ usw.

2* Multiplizieren Sie in der Übungstafel S. 3 die Zahlen der Spalte a mit den Zahlen der Spalten b bis h. Addieren Sie im Kopf die Teilergebnisse.

3* **Zerlegen Sie eine Zahl in günstige Faktoren:**

z. B. $17 \cdot 20 = 17 \cdot 2 \cdot 10 = 34 \cdot 10 = 340$; $16 \cdot 15 = 16 \cdot 3 \cdot 5 = 48 \cdot 5 = 240$

a) 15 m je 16 DM	b) 14 kg je 0,35 DM	c) 17 l je 16 DM	d) 27 Stück je 36 DM
18 m je 32 DM	12 kg je 0,18 DM	13 l je 18 DM	14 Stück je 45 DM
20 m je 36 DM	16 kg je 0,25 DM	15 l je 26 DM	18 Stück je 36 DM

51018

Üben Sie das große Einmaleins von $11 \cdot 11$ bis $19 \cdot 19$ nach folgendem Bei- **4***
spiel: $14 \cdot 17 = ?$

„Unterdrücken" Sie eine Zehnerstelle und addieren Sie $14 + 7 = 21$, multiplizieren Sie mit 10 und addieren Sie das Produkt der Einerstellen; kurz:
$14 + 7 = 21$, $210 + 28 = 238$.

Rechnen Sie $\quad 16 \cdot 18$; $14 \cdot 13$; $12 \cdot 19$; $18 \cdot 17$; $15 \cdot 19$; $16 \cdot 17$;
$\quad\quad\quad\quad 14 \cdot 1{,}5$; $19 \cdot 1{,}6$; $13 \cdot 1{,}7$; $1{,}6 \cdot 1{,}8$; $1{,}9 \cdot 1{,}4$; $1{,}5 \cdot 1{,}7$.

Beachten Sie die Nähe von Zehnerzahlen. **5***

a) 1 m   kostet 0,98 DM; wieviel kosten 17, 21, 33, 12, 35, 19, 44 m?
b) 1 m   kostet 0,95 DM; wieviel kosten 22, 12, 30, 18, 44, 15, 8 m?
c) 1 Stück   kostet 2,90 DM; wieviel kosten 6, 15, 21, 11, 25, 18 Stück?
d) 1 kg   kostet 1,05 DM; wieviel kosten 35, 44, 63, 81, 25, 28, 73 kg?
e) 1 m   kostet 2,97 DM; wieviel kosten 13, 22, 41, 38, 15, 18, 52 m?

Benutzen Sie stets die bequemen Bruchteile von 10, 100 und 1 000. **6***

a) 1 Stück kostet 1,75 DM;
   Wieviel kosten 18, 41, 31, 22, 53, 50, 29, 27, 45, 60, 75 Stück?
b) 1 m Kabel kostet 1,50 DM;
   Wieviel kosten 4,8; 12,8; 7,20; 15; 17; 16,40; 18,40; 5,20; 13,60 m?
c) 1 Rolle Tapete kostet 26,— DM;
   Wieviel kosten 15, 32, 27, 21, 37, 82, 70, 125, 25, 80, 61, 112, 90 Rollen?

Merke: Ermitteln Sie vor dem Ausrechnen das ungefähre Ergebnis durch Schätzen
            oder Überschlagen! Dadurch werden grobe Fehler vermieden!

Nützen Sie den Vorteil mit der Zahl 1 aus, wenn der Multiplikator in einer
Stelle eine 1 hat.

Beispiele: 1) $7468 \cdot 291$ 2) $7468 \cdot 1{,}29$ 3) $746{,}8 \cdot 21{,}9$
                        67212   14936   14936
                        14936   67212   672 12
                     ———————   ————————   —————————
                      2 173 188   9633,72   16354,92

Beachte: Ein gewandter Rechner spricht beim schriftlichen Multiplizieren nur die
            Zwischenprodukte, nicht die einzelnen Faktoren aus!

Beispiel: $37\,591{,}46 \cdot 12$ Sprechen Sie: 72, 48–55, 12–17, 108–109,
               451 097,52   60–70, 84–91, 36–45.

Multiplizieren Sie mit den Zahlen 12 bis 19: **7**

a) 5 046,89 DM   c) 3 416,75 hl   e)   769,875 kg   g)   578,35 m^3
b) 8 574,293 kg   d)   908,65 DM   f) 1 087,50 hl   h) 3 157,75 m^2

Mit 11 (1,10; 110; 0,11) **läßt sich besonders rasch multiplizieren,** indem je zwei aufeinanderfolgende Zahlen addiert werden.

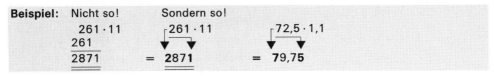

Beispiel: Nicht so!   Sondern so!

261 · 11   261 · 11   72,5 · 1,1

261

2871   = 2871   = 79,75

---

8   Rechnen Sie ebenso:

a) 136 · 11; 372 · 1,10; 2 126,5 · 11; 462,2 · 0,11; 492,6 · 1,1

b) 216 m zu 1,10 DM;   856 kg zu 2,20 DM;   1 317 l zu 0,44 DM

---

9   **Zerlegen Sie, wenn möglich, den Multiplikator in Faktoren,** in die Zahlen des großen oder kleinen Einmaleins.

Beispiele: 563,8 · 42

3946,6 · 7

23679,6 · 6

4756,32 · 78

61832,16 · 13

370992,96 · 6

a)		b)		c)	
63 m je 18,75 DM		562 kg je 4,85 DM		35 m² je 18,75 DM	
24 m je 26,35 DM		910 kg je 12,72 DM		73 m² je 21,40 DM	
81 m je 14,85 DM		85 kg je 17,28 DM		56 m² je 19,80 DM	
54 m je 7,90 DM		732 kg je 24,35 DM		28 m² je 39,75 DM	
32 m je 4,25 DM		812 kg je 19,75 DM		46 m² je 48,90 DM	
27 m je 22,70 DM		638 kg je 2,58 DM		85 m² je 42,15 DM	

---

10   **Nützen Sie die Vorteile mit 25 und 125.**

632 m je 2,50 DM	728 Stück je 0,25 DM	724,8 m³ je 25,— DM
319 m je 0,25 DM	572 Stück je 0,75 DM	327,5 m³ je 12,50 DM
273 m je 1,25 DM	376 Stück je 12,50 DM	726,16 m³ je 2,50 DM
218,25 m je 0,75 DM	121 Stück je 7,50 DM	161,84 m³ je 3,75 DM

---

11   **Benützen Sie die Zahlen 10, 100, 1 000.**

24 m zu 25 Pf

24 · 25 Pf

24 · (100 : 4)

= 6,— DM

5 · 14,2 =   10 · 14,2 : 2

25 · 8,64 = 100 · 8,64 : 4

50 · 2,18 = 100 · 2,18 : 2

125 · 0,81 = 1 000 · 0,81 : 8

---

12   Ermitteln Sie den Inventurwert folgender Teppichboden-Auslegeware:

Menge in m	Ware	Meterpreis	Menge in m	Ware	Meterpreis
75	Velours 200 cm breit	59,80	22,18	Flokati 190 cm breit	58,90
117	Velours 300 cm breit	89,70	136,35	Acryl-Flor 180 cm breit	68,75
38,50	Velours 400 cm breit	119,60	217,40	Polyamid 400 cm breit	71,85

510110

Stellen Sie zwei Rechnungen mit den folgenden Posten aus: **13**

a) 4,350 kg zu 0,18 DM (je kg)   b) 215 cm x 435 cm zu 18,75 DM je m²
   3,775 kg zu 0,18 DM (je kg)   570 cm x 615 cm zu 29,85 DM je m²
   8,095 kg zu 1,45 DM (je kg)   435 cm x 585 cm zu 22,70 DM je m²
   1,684 kg zu 2,50 DM (je kg)   310 cm x 485 cm zu 21,90 DM je m²

Ein Schuhgeschäft erhält eine Rechnung über: **14**

32 Paar Herrenstiefeletten, braun .... zu je 71,75 DM (85,50 DM)
63 Paar Herrenhalbschuhe, schwarz .... zu je 98,45 DM (86,75 DM)
28 Paar Damensportschuhe, braun .... zu je 57,35 DM (80,25 DM)
54 Paar Moonboots mit Innenschuh .... zu je 39,85 DM (36,75 DM)
82 Paar Damenhochschaftstiefel .... zu je 81,95 DM (93,95 DM)

Der Fußboden eines Raumes, der 15,4 m lang und 11,24 m breit ist, soll mit   **15**
Platten belegt werden. 1 m² kostet 24,85 DM. Wie teuer kommt der Belag des
Fußbodens?

Ein Teppich, 7,5 x 5,25 (3,50 x 4,50), wird in ein 8,75 m langes und 6,10 m **16**
breites Zimmer gelegt. Berechnen Sie die unbedeckte Bodenfläche.

Ein Gardinengeschäft berechnet für einen ausgeführten Auftrag (mit Berücksich- **17**
tigung der Umsatzsteuer):

6 Gardinenleisten (2,60 m, 3,90 m, 3,00 m, 3,10 m, 5,38 m und 2,70 m) zu
43,85 DM je m.

 8,65 m Dekostoff zu 28,00 DM je m
12,50 m Diolen   zu 24,90 DM je m
19,90 m Diolen   zu 25,50 DM je m
12,05 m Stores   zu 14,40 DM je m
 5,20 m Dekostoff zu 16,60 DM je m

Nählohn 10¼ Stunden zu 35,50 DM/Std.
37,70 m Diolenband zu 0,85 DM/m
10,80 m Bleiband   zu 1,15 DM/m
 7 Schleuderstäbe   zu 3,05 DM/Stück

Stellen Sie den Rechnungsbetrag zusammen.

Ein Kfz-Zubehör-Großhändler liefert: **18**

25 Pannen- und Werkzeugkoffer zu 26,90 DM/Stück
45 Kraftfahrzeug-Verbandskästen nach DIN zu 32,85 DM/Stück
19 Autofeuerlöscher (2 kg) mit Halterung zu 34,90 DM/Stück
65 Abschleppseile mit Aufroll-Automatik zu 19,95 DM/Stück
55 Starthilfekabel mit Kupferlitze zu 13,95 DM/Stück und
18 Batterieladegeräte (5-A-Elektronik) zu 109,80 DM/Stück

Ermitteln Sie den Rechnungsbetrag ohne Berücksichtigung der Umsatzsteuer.

---

19 Eine Schrankwand soll renoviert werden. Es liegt folgendes Angebot vor:

8,82 m² Schrankwand abschleifen, vorstreichen und lackieren 35,— DM/m². Lose Umleimer erneuern: 60,31 m zu 3,40 DM/m zuzüglich $3\frac{1}{2}$ Stunden Arbeitslohn für das Aus- und Einbauen der Türen zu 26,85 DM/Std.

Wie teuer werden die Renovierungsarbeiten?

20 Ein Elektrogeschäft kauft ein:

15 Waffeleisen, 1 000 Watt, antihaft-beschichtet zu 59,95 DM/Stück
18 Kaffeeautomaten, 8 Tassen, mit Isolierkanne zu 85,95 DM/Stück
25 Toaster mit Brötchenröstaufsatz zu 49,95 DM/Stück
 8 Kochwasserautomaten, 5 Liter, mit Mischarmatur zu 169,85 DM/Stück
25 Eierkochautomaten mit Elektronik zu 49,75 DM/Stück
16 Elektr. Allesschneider mit elektron. Drehzahlregelung zu 109,65 DM/Stück.

Ermitteln Sie den Rechnungsbetrag ohne Berücksichtigung der Umsatzsteuer.

IV. Division

Beispiel: 24 : 6 = 4
Dividend durch Divisor = Quotient

1* Teilen Sie die Zahlen der Spalten b bis f (s. S. 3) durch die Zahlen 2 bis 20 und drücken Sie das Ergebnis in einer gemischten Zahl aus; z. B.: $17 : 5 = 3\frac{2}{5}$.

2* Wievielmal ist die kleinere Zahl in der größeren enthalten?

a)	b)	c)	d)	e)
13 in 108	15 in 132	17 in 101	14 in 111	19 in 100
14 in 83	18 in 71	16 in 110	13 in 90	17 in 103
15 in 104	17 in 51	12 in 93	18 in 143	16 in 152

3* Berechnen Sie den Preis für die Einheit:

a)	b)
8 Stück kosten 50,40 DM (72,08 DM)	12 kg kosten 37,20 DM
5 Stück kosten 31,50 DM (41,55 DM)	16 kg kosten 80,48 DM
7 Stück kosten 49,84 DM (28,21 DM)	14 kg kosten 42,70 DM
9 Stück kosten 39,60 DM (60,39 DM)	15 kg kosten 91,50 DM

4* Berechnen Sie den Preis für ein Paar bzw. ein Stück:

Kinder-Kniestrümpfe, Sortiment in 5 Farben, 5-Paar-Packung .... 16,25 DM
Damen-Strumpfhosen, Wollsiegel-Qualität, 3-Paar-Packung .... 19,95 DM
Damen-Feinstrumpfhosen, Sortiment in modischen Farbtönen,
10-Paar-Packung .... 14,50 DM
Geschirrtücher, Halbleinen, 50 x 70 cm, 6-Stück-Packung .... 19,90 DM
Frottierhandtücher, Baumwolle, 50 x 100 cm, 3-Stück-Packung ..... 26,95 DM
Frottier-Saunatücher, Baumwolle, 70 x 140 cm, 4-Stück-Packung .. 58,20 DM

510112

Erklären Sie folgende Lösungswege:

$0,72 : 0,9 = 7,2 : 9$ $0,4 : 0,8 = 4 : 8$ $0,24 : 1,2 = 24 : 120$

Beachte: Wenn der Divisor eine dezimale Zahl ist, rückt man im Divisor und Dividenden das Komma so viele Stellen nach rechts, bis der Divisor eine ganze Zahl wird.

Wie oft sind enthalten   **5***

a) 0,3 l in 0,6 l;   1,5 l
   0,4 l in 1,2 l;   2,8 l

b) 0,15 hl in 0,75 hl;   1,35 hl
   0,18 hl in 1,08 hl;   1,62 hl

c) 0,072 : 0,012 (: 0,024;   : 0,018)
   0,128 : 0,008 (: 0,032;   : 0,012)

d) 1,188 : 0,09   (: 0,270;   : 0,36)
   0,112 : 0,016 (: 0,12;   : 0,08)

Es sollen Päckchen Tee abgewogen werden. Wie viele Päckchen erhält man   **6***

a) zu   50 g von   0,8;   1,2;   1,5;   2,1;   2,5;   2,75 kg Tee
b) zu 125 g von   0,5;   0,75;   1,25;   1,5;   2;   3,25 kg Tee?

Beachte: Schreiben Sie beim Dividieren nur die Zahlenreste hin.

Beispiel:

Nicht so!	*Sondern so!*
864,57 : 23 = 37,59	864,57 : 23 = 37,59
69 .	174
174	135
161	207
135	
115	*Vorteil:* Kürzer und schneller!
207	Keine Subtraktionsstriche!
207	

Ermitteln Sie stets das ungefähre Ergebnis durch Überschlag.

Teilen Sie: a)   902,68 DM :   46   g)   7 562,24 DM : 112   **7**
              b) 4 028,80 DM :   72   h)   8 713,30 DM : 263
              c) 17 094,55 DM : 109   i) 15 680,65 DM :   83
              d) 3 124,75 DM : 123   k)   6 412,90 DM : 373
              e) 5 712,80 DM : 348   l) 18 562,58 DM :   47
              f) 12 315,50 DM :   67   m)   9 238,75 DM : 432

Beachte: Ist der Divisor eine der Zahlen 2 bis 20, schreibt man weder die Subtrahenden noch die Zahlenreste hin!

Beispiele: 560 321 : 8   8 035,38 : 18   9 160,80 : 15
           = 70 040,125   = 446,41   = 610,72

Teilen Sie: a) 21 054   DM : 3, 5, 9, 11   c) 6 935,78 DM : 4, 6, 8, 12   **8**
             b)   910,05 DM : 7, 9, 19, 16   d) 8 912,63 DM : 5, 16, 15

9 **Zerlegen Sie den Teiler in Faktoren.**

a) 1 936 : 56   b) 5 684,16 : 32   c)   641,34 : 45   d) 1 843,14 : 28
   1 785 : 63   640,5   : 35   3 692,40 : 96   2 726,50 : 42
   3 885 : 21   501,63 : 48   2 373,75 : 108   6 320,75 : 72

---

10 **Teilen durch 25 und durch 125**

a) Teilen Sie: 6 408; 70 325; 8 607,9; 736,48 durch 25 und durch 125.

b) 25 m kosten 236,10; 378,40; 1 240,25; 624,50; 871,30; 1 194,60 DM.

   Wieviel DM kostet 1 m?

---

11 Beachten Sie die Regel vor Aufgabe Nr. 5.

a)   316,8 : 0,9   b)   65,3   : 0,78   c) 756   : 0,09
  1 265,25 : 0,35   125,8 : 3,9   0,831 : 0,62
  1 050,8 : 2,78   157,059 : 18,3   532,4   : 0,84

Berechnen Sie 3 Dezimalstellen und runden Sie auf 2 Dezimalstellen.

---

12 Rechnen Sie:

a) 6 238,46 DM : 35,65   d) 2 106,5 m : 32,75   g) 5 532,375 m³ : 32,75
b)   418,65 hl : 248   e) 8 346,25 t : 51,5   h) 7 125,625 kg : 25,75
c)   214,125 kg : 175   f)   841,75 m² : 125   i) 1 406,50 DM : 35,68

---

13 Berechnen Sie den Preis für 1 m bzw 1 m².

15,8 m Sisal-Treppenläufer, 90 cm breit,   kosten   315,25 DM (331,50 DM)
27 m Nylon-Tufting-Läufer, 90 cm breit,   kosten   401,62 DM (492,15 DM)
11,2 m gewebter Velours-Läufer,
120 cm breit,   kosten   609,— DM (659,40 DM)
24 m² Schlingflor-Teppichboden,
Auslegeware,   kosten   405,67 DM (441,57 DM)
33 m Flokati-Teppich, Auslegeware 190 cm, kosten 1 649,63 DM (1 827,64 DM)
127,9 m Diolen-Fenster-Stores,
210 cm hoch,   kosten 2 046,24 DM (2 155,86 DM)

---

14 Berechnen Sie den Preis für 1 kg.

a) 16,5 kg kosten 346,50 DM   e) 32,125 kg kosten 138,14 DM
b) 24,3 kg kosten 826,20 DM   f) 9,625 kg kosten 119,35 DM
c) 8,25 kg kosten 362,50 DM   g) 0,475 kg kosten   2,95 DM
d) 12,75 kg kosten 71,40 DM   h) 16,050 kg kosten 88,28 DM

510114

Berechnen Sie den Preis für 1 Stück bzw. 1 m.   **15**

a) 42 Stück kosten 324,60 DM   e) 29 m kosten 94,80 DM
b) 31 Stück kosten 246,80 DM   f) 36 m kosten 82,75 DM
c) 25 Stück kosten 134,50 DM   g) 28 m kosten 70,35 DM
d) 54 Stück kosten 403,10 DM   h) 25 m kosten 64,25 DM

Berechnen Sie den Preis für 1 kg.   **16**

720,7 kg Columbia-Kaffee   kosten 5 880,91 DM, Zoll und Steuer 8 360,12 DM
299,6 kg Guatemala-Kaffee   kosten 2 474,82 DM, Zoll und Steuer 3 475,36 DM
691,5 kg Brasilia-Kaffee   kosten 2 659,16 DM, Zoll und Steuer 11 460,75 DM

Berechnen Sie den Einzelpreis: **17**

Gesamtpreis:	342,60	246,80	134,50	403,10		94,80	82,75	70,35	64,25 DM
	42	31	25	54 Stück;		29	36	28	25 m

85,250 kg Marmelade werden in Gläser gefüllt: **18**

Nettoinhalt: 425 g;   450 g;   175 g;   125 g;   150 g;   62,5 g

Wieviel Gläser sind beim Abfüllen in jedem Fall notwendig?

Aus Spanien werden bezogen: 45 Kisten Apfelsinen zu je 30 kg brutto für netto **19**
zum Preis von 1 498,— DM. Bezugskosten und Zoll betragen zusammen
198,60 DM. Berechnen Sie den Preis für 1 Kiste und für 1 kg.

Für eine Geschäftsreise nach Wien (751 km) hatte ein Geschäftsmann einen **20**
Benzinvorrat von 60 Litern. Wieviel mußte er unterwegs mindestens tanken,
wenn sein Fahrzeug durchschnittlich 11,4 l je 100 km verbraucht?

Ein Hamburger Warenhaus hatte einen Jahresumsatz von 12 428 634,70 DM. **21**
Die Kundenzahl betrug 612 532, die Zahl der Verkäuferinnen und Verkäufer 312.

a) Ermitteln Sie den durchschnittlichen Jahresumsatz eines(r) Verkäufers(in).
b) Wieviel Kunden entfallen im Durchschnitt auf eine(n) Verkäufer(in)?

Ein Großhändler erhält folgende Rechnung: **22**

45 pflegeleichte Web-Tischdecken 120 cm rund   – 2 920,50 DM
15 Damasttischdecken 130 x 160 cm   –   417,75 DM
25 Kamelhaar-Reisedecken 150 x 220 cm   – 6 246,25 DM
65 Dralon-Schlafdecken 150 x 200 cm   – 3 243,50 DM

Berechnen Sie die Einkaufspreise je Stück jedes Artikels.

Eine Einkaufsrechnung über Obstkonserven enthält folgende Angaben: **23**

Anzahl	Artikel	Nettogewicht/Stück	Einkaufspreis
48	¹/₁ Aprikosen	0,796 kg	117,60 DM
126	¹/₂ Mirabellen	0,462 kg	153,72 DM
64	¹/₁ Pfirsiche	0,910 kg	133,12 DM

Berechnen Sie den Preis   a) für 1 Dose   b) für ¹/₂ kg jeder Sorte.

2. Abschnitt: Rechnen mit Brüchen

I. Vorbereitende Übungen

Erinnern Sie sich an folgende Begriffe aus der Bruchrechnung:

Bei einem **echten Bruch** ist der Zähler kleiner als der Nenner ($\frac{1}{4}$, $\frac{5}{6}$, $\frac{3}{8}$, $\frac{4}{9}$).

Bei einem **unechten Bruch** ist der Zähler größer als der Nenner ($\frac{5}{4}$, $\frac{7}{6}$, $\frac{11}{8}$, $\frac{14}{9}$).

Eine **gemischte Zahl** besteht aus einer ganzen Zahl und einem Bruch ($3\frac{1}{4}$, $4\frac{5}{6}$).

Bei **gleichnamigen Brüchen** sind die Nenner gleich ($\frac{3}{8}$, $\frac{5}{8}$, $\frac{7}{8}$).

Bei **ungleichnamigen Brüchen** sind die Nenner verschieden ($\frac{2}{3}$, $\frac{3}{4}$, $\frac{5}{8}$).

Erweitern bedeutet, Zähler und Nenner mit derselben Zahl multiplizieren.

$$\left(\frac{2}{3} = \frac{6}{9}, \quad \frac{4}{5} = \frac{8}{10} \right)$$

Kürzen bedeutet, Zähler und Nenner durch dieselbe Zahl teilen.

$$\left(\frac{6}{9} = \frac{2}{3}, \quad \frac{8}{10} = \frac{4}{5} \right)$$

1* Ordnen Sie die folgenden Brüche der Größe nach:

$\frac{1}{8}$, $\frac{1}{5}$, $\frac{1}{2}$, $\frac{1}{16}$, $\frac{1}{10}$, $\frac{3}{8}$, $\frac{1}{4}$, $\frac{3}{5}$, $\frac{1}{7}$, $\frac{1}{12}$, $\frac{1}{9}$.

2* Verwandeln Sie die folgenden unechten Brüche in gemischte Zahlen:

$\frac{5}{4}$, $\frac{9}{6}$, $\frac{10}{8}$, $\frac{13}{10}$, $\frac{27}{20}$, $\frac{86}{15}$, $\frac{105}{12}$, $\frac{42}{9}$, $\frac{115}{16}$.

3* Verwandeln Sie die gemischten Zahlen in unechte Brüche:

$3\frac{3}{4}$, $8\frac{4}{5}$, $7\frac{9}{10}$, $12\frac{5}{6}$, $1\frac{7}{8}$, $5\frac{5}{9}$.

4* Machen Sie gleichnamig:

a) $\frac{1}{3}$ und $\frac{5}{6}$ b) $\frac{2}{3}$ und $\frac{3}{4}$ c) $\frac{11}{12}$ und $\frac{7}{8}$ d) $\frac{2}{3}$, $\frac{3}{4}$ und $\frac{5}{6}$

$\frac{7}{12}$ und $\frac{3}{4}$ $\frac{4}{5}$ und $\frac{3}{4}$ $\frac{5}{6}$ und $\frac{5}{9}$ $\frac{4}{5}$, $\frac{7}{10}$ und $\frac{2}{3}$

$\frac{17}{20}$ und $\frac{4}{5}$ $\frac{5}{6}$ und $\frac{4}{5}$ $\frac{5}{8}$ und $\frac{5}{6}$ $\frac{5}{9}$, $\frac{7}{12}$ und $\frac{11}{18}$

5* a) Erweitern Sie $\frac{3}{4}$, $\frac{4}{5}$, $\frac{3}{10}$, $\frac{4}{9}$, $\frac{3}{8}$ mit 2, 3, 4, 5, 10, 12, 15, 18, 20 und vergleichen Sie die erweiterten Brüche mit den ursprünglichen.

b) $\frac{1}{2}$, $\frac{1}{4}$, $\frac{3}{5}$, $\frac{3}{10}$, $\frac{7}{10}$, $\frac{3}{20}$, $\frac{9}{20}$, $\frac{17}{20}$, $\frac{7}{25}$, $\frac{8}{25}$, $\frac{21}{25}$, $\frac{19}{50}$ = ? 100stel

c) $\frac{1}{2}$, $\frac{1}{4}$, $\frac{3}{4}$, $\frac{1}{8}$, $\frac{5}{8}$, $\frac{9}{10}$, $\frac{7}{20}$, $\frac{12}{25}$, $\frac{27}{50}$, $\frac{43}{100}$, $\frac{11}{125}$ = ? 1 000stel

6* Kürzen Sie:

$\frac{4}{16}$, $\frac{20}{25}$, $\frac{8}{10}$, $\frac{24}{36}$, $\frac{27}{45}$, $\frac{36}{144}$, $\frac{48}{100}$, $\frac{16}{72}$, $\frac{32}{120}$, $\frac{63}{70}$, $\frac{21}{119}$, $\frac{48}{90}$, $\frac{33}{121}$.

Merke: Durch Erweitern und Kürzen ändert sich der Wert eines Bruches nicht.

510116

II. Addition von Brüchen

Beispiel: $\frac{2}{7} + \frac{3}{7} = \frac{5}{7}$

Merke: Gleichnamige Brüche werden addiert, indem man ihre Zähler addiert und den Nenner beibehält.

Beispiel: $\frac{2}{5} + \frac{3}{7} = \frac{14}{35} + \frac{15}{35} = \frac{29}{35}$

Merke: Ungleichnamige Brüche werden erst gleichnamig gemacht, d. h. auf den Hauptnenner gebracht, und dann wie gleichnamige Brüche addiert.

Beispiel: $4\frac{1}{5} + 3\frac{3}{5} = 7\frac{4}{5}$; $\quad 5\frac{1}{4} + 4\frac{2}{5} = 5\frac{5}{20} + 4\frac{8}{20} = 9\frac{13}{20}$

Merke: Gemischte Zahlen werden addiert, indem man erst die ganzen Zahlen addiert und dann die Brüche.

Addieren Sie: **1***

a)	b)	c)	d)
$\frac{1}{2} + \frac{1}{3}$	$\frac{1}{2} + \frac{2}{3}$	$\frac{1}{2} + \frac{3}{4}$	$\frac{1}{3} + \frac{3}{4}$
$\frac{2}{3} + \frac{3}{5}$	$\frac{1}{4} + \frac{4}{5}$	$\frac{3}{4} + \frac{2}{3}$	$\frac{3}{5} + \frac{1}{6}$
$\frac{4}{5} + \frac{5}{6}$	$\frac{1}{10} + \frac{3}{5}$	$\frac{2}{5} + \frac{7}{10}$	$3\frac{1}{4} + 2\frac{3}{4}$
$2\frac{3}{5} + 4\frac{4}{5}$	$1\frac{1}{2} + 4\frac{1}{4}$	$4\frac{2}{3} + 3\frac{1}{4}$	$1\frac{3}{4} + 4\frac{2}{5}$

Addieren Sie: **2**

a)	b)	c)	d)
$76\frac{1}{2}$ kg	$24\frac{3}{4}$ l	$6\frac{1}{3}$ m²	$5\frac{1}{2}$ m³
18 kg	$12\frac{1}{2}$ l	$2\frac{3}{4}$ m²	$8\frac{3}{4}$ m³
12 kg	$8\frac{3}{4}$ l	$7\frac{1}{2}$ m²	$4\frac{1}{2}$ m³
$6\frac{1}{2}$ kg	7 l	$6\frac{2}{3}$ m²	$7\frac{1}{4}$ m³
$4\frac{1}{2}$ kg	$5\frac{1}{2}$ l	4 m²	4 m³
$7\frac{1}{2}$ kg	$3\frac{1}{4}$ l	$9\frac{1}{3}$ m²	12 m³
$5\frac{1}{2}$ kg	$11\frac{3}{4}$ l	$2\frac{1}{4}$ m²	$6\frac{3}{4}$ m³

3

a) $3\frac{1}{5}$ m $+ 1\frac{2}{5}$ m $+ 6$ m $+ \frac{4}{5}$ m $+ 2\frac{2}{5}$ m $+ 3\frac{4}{5}$ m $+ 8$ m

b) $12\frac{1}{3}$ km $+ 4$ km $+ 3\frac{3}{4}$ km $+ 2\frac{2}{3}$ km $+ 3$ km $+ 4\frac{1}{2}$ km

---

Berechnen Sie die verkaufte Menge folgender Artikel: **4**

a) Gardinen: $4\frac{1}{2}$ m, $7\frac{1}{3}$ m, $12\frac{1}{5}$ m, $8\frac{1}{4}$ m, $13\frac{2}{3}$ m, $18\frac{2}{3}$ m

b) Stores: $12\frac{2}{3}$ m, $18\frac{1}{5}$ m, $22\frac{1}{2}$ m, $17\frac{3}{4}$ m, $12\frac{1}{4}$ m, $16\frac{1}{3}$ m

c) Fußbodenbelag: $30\frac{1}{2}$ m², $45\frac{1}{3}$ m², $42\frac{3}{4}$ m², $48\frac{1}{4}$ m², $36\frac{2}{3}$ m²

d) Teppichboden: $22\frac{3}{4}$ m², $29\frac{2}{3}$ m², $35\frac{1}{2}$ m², $39\frac{1}{3}$ m², $42\frac{1}{4}$ m²

III. Subtraktion von Brüchen

Beispiel: $\frac{4}{5} - \frac{1}{5} = \frac{3}{5}$.

Merke: Gleichnamige Brüche werden subtrahiert, indem man ihre Zähler subtrahiert und den Nenner beibehält.

Beispiel: $\frac{3}{4} - \frac{2}{5} = \frac{15}{20} - \frac{8}{20} = \frac{7}{20}$.

Merke: Ungleichnamige Brüche werden erst gleichnamig gemacht und dann wie gleichnamige Brüche subtrahiert.

Beispiel: $5\frac{3}{5} - 2\frac{1}{3} = 5\frac{9}{15} - 2\frac{5}{15} = 3\frac{4}{15}$.

Merke: Gemischte Zahlen werden subtrahiert, indem man erst die ganzen Zahlen subtrahiert und dann die Brüche.

1* Subtrahieren Sie:

a) $\frac{5}{6} - \frac{1}{6}$ b) $\frac{4}{5} - \frac{3}{4}$ c) $\frac{1}{2}$ m $- \frac{1}{4}$ m   d) 8 m$^3 - 3\frac{3}{4}$ m^3

$\frac{7}{8} - \frac{3}{8}$ $4\frac{4}{5} - 1\frac{3}{5}$ $\frac{3}{4}$ kg $- \frac{2}{3}$ kg $9\frac{1}{4}$ l $- 3\frac{1}{2}$ l

$\frac{1}{2} - \frac{1}{3}$ $3\frac{2}{3} - 2\frac{1}{4}$ $3\frac{2}{3}$ l $- 2\frac{1}{2}$ l $10\frac{1}{2}$ m $- 8\frac{1}{4}$ m

$\frac{3}{4} - \frac{1}{5}$ $6 - 2\frac{2}{5}$ $5\frac{3}{4}$ km $- 3\frac{1}{3}$ km $20\frac{3}{4}$ g $- 10\frac{1}{4}$ g

2 Ermitteln Sie den Restbestand:

	a)	b)	c)	d)
Vorrat:	76 kg	$42\frac{1}{2}$ kg	$28\frac{1}{2}$ kg	$32\frac{1}{4}$ kg
Verkauf:	$38\frac{1}{2}$ kg	$18\frac{1}{4}$ kg	$19\frac{3}{4}$ kg	$28\frac{3}{4}$ kg

3 Ermitteln Sie die verkaufte Menge:

	a)	b)	c)	d)
Bestand:	$18\frac{1}{2}$ m^2	30 m^2	$21\frac{1}{3}$ m^2	$43\frac{1}{4}$ m^2
Rest:	$4\frac{1}{3}$ m^2	$3\frac{2}{3}$ m^2	$6\frac{1}{2}$ m^2	$8\frac{2}{3}$ m^2

4

	a	b	c	d	e
Brutto:	$65\frac{3}{8}$ kg	$27\frac{3}{8}$ kg	?	$74\frac{3}{20}$ kg	$2\frac{3}{4}$ kg
Tara:	$3\frac{5}{8}$ kg	?	$5\frac{9}{10}$ kg	$4\frac{5}{8}$ kg	?
Netto:	?	$24\frac{7}{10}$ kg	$97\frac{3}{4}$ kg	?	$2\frac{7}{25}$ kg

5 Von $57\frac{1}{2}$ m Stoff wurden verkauft: $6\frac{1}{4}$ m, $8\frac{1}{10}$ m, $2\frac{3}{5}$ m, $7\frac{1}{2}$ m, $12\frac{3}{4}$ m, $3\frac{2}{5}$ m, $5\frac{3}{10}$ m und $4\frac{9}{20}$ m. Wieviel m sind noch am Lager?

6 In der Teppichabteilung wurden verkauft

a) Auslegeware, 300 cm breit, Anfangsbestand 75 m:
$6\frac{1}{4}$ m, $4\frac{2}{3}$ m, $8\frac{2}{5}$ m, $3\frac{1}{3}$ m, $5\frac{1}{5}$ m, $4\frac{1}{2}$ m, 10 m und $3\frac{1}{2}$ m.

b) Sisal-Läufer, 120 cm breit, Anfangsbestand 160 m:
$8\frac{1}{3}$ m, $10\frac{1}{2}$ m, $5\frac{1}{4}$ m, $12\frac{2}{3}$ m, $15\frac{1}{4}$ m, $4\frac{3}{4}$ m, $20\frac{1}{5}$ m und $15\frac{1}{5}$ m.

Ermitteln Sie die Restbestände.

510118

IV. Multiplikation von Brüchen

Beispiel: $5 \cdot \frac{4}{9} = \frac{20}{9} = 2\frac{2}{9}$.

Merke: Ein Bruch wird mit einer ganzen Zahl multipliziert, indem man den Zähler mit der ganzen Zahl multipliziert und den Nenner beibehält.

Beispiel: $3 \cdot 4\frac{1}{5} = 12\frac{3}{5}$.

Merke: Eine gemischte Zahl wird mit einer ganzen Zahl multipliziert, indem man erst die ganzen Zahlen miteinander und dann den Zähler des Bruches mit der ganzen Zahl multipliziert.

Beispiel: $\frac{1}{2} \cdot \frac{2}{3} = \frac{2}{6} = \frac{1}{3}$.

Merke: Ein Bruch wird mit einem Bruch multipliziert, indem man Zähler mit Zähler und Nenner mit Nenner multipliziert.

Beispiel: $3\frac{1}{2} \cdot 2\frac{2}{3} = \frac{7}{2} \cdot \frac{8}{3} = \frac{56}{6} = 9\frac{2}{6} = 9\frac{1}{3}$.

Merke: Gemischte Zahlen werden miteinander multipliziert, indem man die gemischten Zahlen in unechte Brüche verwandelt und dann multipliziert.

Üben Sie: **1***

a) $5 \cdot \frac{3}{4}$ b) $\frac{2}{3} \cdot 4$ c) $6 \cdot \frac{3}{5}$ d) $\frac{5}{6} \cdot 3$ e) $\frac{3}{10} \cdot 4$ f) $5 \cdot \frac{7}{10}$

a) $2\frac{1}{3} \cdot 6$ b) $5 \cdot 3\frac{3}{4}$ c) $4 \cdot 2\frac{2}{3}$ d) $4\frac{1}{4} \cdot 6$ e) $5 \cdot 5\frac{2}{3}$ **2**

$\frac{7}{10} \cdot \frac{3}{5}$ $\frac{2}{5} \cdot \frac{5}{10}$ $4\frac{1}{3} \cdot 3\frac{3}{4}$ $2\frac{1}{5} \cdot 2\frac{2}{3}$ $3\frac{1}{4} \cdot 2\frac{2}{5}$

$5\frac{3}{4} \cdot 1\frac{2}{3}$ $1\frac{3}{4} \cdot 1\frac{4}{5}$ $4\frac{3}{5} \cdot 5\frac{1}{10}$ $1\frac{2}{3} \cdot 4\frac{3}{5}$ $\frac{3}{4} \cdot 4\frac{2}{3}$

Berechnen Sie den Preis für: **3**

a) $6\frac{1}{2}$ m² zu je 18,— DM   b) $5\frac{3}{4}$ kg zu je 4,— DM

    $9\frac{1}{3}$ m² zu je 16,50 DM $3\frac{1}{8}$ kg zu je 5,60 DM

    $7\frac{1}{4}$ m² zu je 13,80 DM $4\frac{3}{8}$ kg zu je 4,80 DM

    $4\frac{3}{4}$ m² zu je 16,20 DM $2\frac{1}{3}$ kg zu je 6,90 DM

---

1 m Leiste kostet $6\frac{1}{4}$ DM. **4**

Wieviel kosten $2\frac{1}{2}$ m, $12\frac{1}{2}$ m, $15\frac{3}{4}$ m, $8\frac{3}{10}$ m, $5\frac{2}{5}$ m, $\frac{7}{10}$ m?

Eine Flüssigkeit soll in Flaschen abgefüllt werden, und zwar: **5**

in 27 Flaschen zu $\frac{1}{10}$ l, in 42 Flaschen zu $\frac{1}{4}$ l und in 31 Flaschen zu $\frac{3}{4}$ l.
Wieviel Liter braucht man, und was kostet eine Flasche, wenn 1 Liter 2,40 DM kostet und jede Flasche mit 0,20 DM berechnet wird?

---

6 In den folgenden Übungen ist erst zu multiplizieren, dann nach den Regeln der Addition von Brüchen zu addieren und schließlich das Ergebnis in eine gemischte Zahl zu verwandeln:

a) $\frac{2}{3} \cdot 6 + \frac{5}{6} \cdot 7 + \frac{1}{3} \cdot 8 + \frac{5}{12} \cdot 4 + \frac{3}{4} \cdot 8 + \frac{1}{12} \cdot 7$

b) $\frac{5}{4} \cdot 3 + \frac{9}{7} \cdot 8 + \frac{33}{28} \cdot 5 + \frac{15}{4} \cdot 3 + \frac{7}{4} \cdot 5 + \frac{20}{7} \cdot 5$

c) $4\frac{1}{2} \cdot 3 + 7\frac{1}{3} \cdot 5 + 2\frac{1}{3} \cdot 4 + 5\frac{1}{2} \cdot 8 + 7\frac{2}{3} \cdot 9 + 4\frac{1}{2} \cdot 3$

---

7 Multiplizieren Sie. Wenn das Ergebnis ein echter Bruch ist, kürzen Sie, wenn es ein unechter Bruch ist, verwandeln Sie es in eine gemischte Zahl.

a) $\frac{3}{4} \cdot \frac{8}{9}$ b) $4\frac{1}{5} \cdot \frac{8}{9}$ c) $3\frac{3}{4} \cdot 6\frac{3}{4}$ d) $\frac{7}{10} \cdot \frac{3}{5}$

$\frac{4}{5} \cdot \frac{5}{9}$ $12\frac{1}{2} \cdot \frac{8}{15}$ $5\frac{3}{8} \cdot 6\frac{2}{3}$ $\frac{2}{3} \cdot \frac{9}{10}$

$\frac{5}{6} \cdot \frac{6}{7}$ $15\frac{3}{4} \cdot \frac{4}{7}$ $6\frac{1}{4} \cdot 7\frac{3}{5}$ $\frac{3}{4} \cdot \frac{8}{25}$

$\frac{3}{10} \cdot \frac{3}{4}$ $7\frac{1}{9} \cdot \frac{15}{16}$ $8\frac{3}{4} \cdot 6\frac{2}{5}$ $17\frac{1}{2} \cdot 16\frac{4}{5}$

---

8 In den folgenden Übungen ist erst zu multiplizieren, dann nach den Regeln der Subtraktion von Brüchen zu subtrahieren. Negative Ergebnisse sind durch ein negatives Vorzeichen zu kennzeichnen:

a) $\frac{4}{5} \cdot 8 - \frac{2}{5} \cdot 3$ b) $6 \cdot \frac{5}{8} - 3 \cdot \frac{1}{8}$ c) $7 \cdot \frac{3}{4} - 5 \cdot \frac{1}{4}$

d) $4\frac{1}{2} \cdot 5 - 2\frac{1}{3} \cdot 4$ e) $6\frac{1}{5} \cdot 7 - 4\frac{2}{3} \cdot 5$ f) $5\frac{1}{8} \cdot 2 - 2\frac{1}{4} \cdot 3$

g) $\frac{3}{4} \cdot \frac{1}{3} - \frac{1}{6} \cdot \frac{2}{3}$ h) $\frac{7}{6} \cdot \frac{2}{3} - \frac{1}{6} \cdot \frac{5}{3}$ i) $\frac{4}{7} \cdot \frac{2}{5} - \frac{12}{5} \cdot \frac{3}{7}$

---

9 Fassen Sie zusammen (**erst multiplizieren, dann addieren** bzw. subtrahieren).

a) $5\frac{1}{9} \cdot 6\frac{1}{2} - 12\frac{1}{6} \cdot 1\frac{2}{3} + 7\frac{2}{3} \cdot 4\frac{3}{4} - 2\frac{1}{4} \cdot 8\frac{1}{3}$

b) $12\frac{2}{3} \cdot 7\frac{3}{4} + 4\frac{5}{6} \cdot 3\frac{3}{4} - 8\frac{1}{3} \cdot 5\frac{3}{8} - 3\frac{1}{8} \cdot 5\frac{2}{3}$

c) $7\frac{3}{4} \cdot 3\frac{2}{3} - 18\frac{1}{5} \cdot 2\frac{1}{2} - 5\frac{2}{5} \cdot 3\frac{1}{5} + 15\frac{1}{2} \cdot 2\frac{1}{5}$

Merke: Produkte werden addiert bzw. subtrahiert, indem man zuerst die Produkte ausrechnet und dann die Ergebnisse miteinander addiert bzw. voneinander subtrahiert.

Die höhere Rechenart hat Vorrang vor der niederen, „Punktrechnung" geht vor „Strichrechnung"!

---

10 Berechnen Sie:

a) $\frac{3}{5} \cdot \frac{7}{8} - 4\frac{1}{8} \cdot 2\frac{2}{5} + \frac{27}{8} \cdot \frac{12}{5} + 4\frac{1}{8} \cdot 12\frac{2}{5} - \frac{3}{5} \cdot 7$

b) $\frac{3}{4} \cdot \frac{1}{6} + 3\frac{1}{3} \cdot 4\frac{7}{8} - \frac{22}{8} \cdot \frac{13}{3} + 5\frac{1}{3} \cdot 15\frac{3}{8} - \frac{2}{3} \cdot 9$

c) $4\frac{1}{6} \cdot 2\frac{1}{3} - \frac{3}{5} \cdot \frac{1}{7} + 1\frac{3}{4} \cdot 2\frac{1}{5} + \frac{12}{5} \cdot \frac{2}{7} - \frac{1}{6} \cdot \frac{17}{3}$

d) $\frac{22}{5} \cdot \frac{11}{2} + 3\frac{1}{3} \cdot 7\frac{1}{2} - \frac{12}{5} \cdot \frac{11}{3} + \frac{1}{2} \cdot \frac{1}{6} - 4\frac{1}{2} \cdot 3\frac{2}{3}$

e) $\frac{15}{2} \cdot \frac{21}{6} - 2\frac{1}{2} \cdot 4\frac{2}{5} + \frac{1}{3} \cdot \frac{2}{5} - \frac{13}{3} \cdot 2\frac{1}{2} + 6\frac{1}{2} \cdot \frac{14}{5}$

f) $\frac{17}{3} \cdot 1\frac{1}{5} + \frac{2}{5} \cdot \frac{7}{2} - 4\frac{2}{9} \cdot \frac{3}{5} \cdot 2\frac{1}{2} + \frac{14}{3} \cdot \frac{2}{5} \cdot 4\frac{1}{5}$

g) $5\frac{2}{3} \cdot 1\frac{1}{2} \cdot 4\frac{1}{5} \cdot \frac{17}{3} \cdot \frac{8}{3} - 2\frac{1}{5} \cdot \frac{5}{2} \cdot 3\frac{1}{2} \cdot \frac{2}{3} \cdot \frac{1}{7}$

510120

V. Division von Brüchen

Beispiel: $\frac{2}{3} : 4 = \frac{2}{12} = \frac{1}{6}$.

Merke: Ein Bruch wird durch eine ganze Zahl dividiert, indem man den Nenner mit der ganzen Zahl multipliziert und den Zähler beibehält.

Beispiel: $3\frac{1}{2} : 5 = \frac{7}{2} : 5 = \frac{7}{10}$.

Merke: Eine gemischte Zahl wird durch eine ganze Zahl dividiert, indem man die gemischte Zahl in einen unechten Bruch verwandelt und dann dividiert.

Beispiel: $4 : \frac{2}{3} = 4 \cdot \frac{3}{2} = 6$ ($\frac{2}{3}$ ist in 4 genau 6mal enthalten!)

Merke: Eine ganze Zahl wird durch einen Bruch dividiert, indem man den Bruch umkehrt und dann multipliziert.

Beispiel: $7 : 2\frac{1}{3} = 7 : \frac{7}{3} = 7 \cdot \frac{3}{7} = 3$.

Merke: Eine ganze Zahl wird durch eine gemischte Zahl dividiert, indem man die gemischte Zahl in einen unechten Bruch verwandelt und dann die ganze Zahl mit dem umgekehrten Bruch multipliziert.

Beispiel: $\frac{5}{10} : \frac{5}{8} = \frac{5}{10} \cdot \frac{8}{5} = \frac{8}{10} = \frac{4}{5}$.

Merke: Ein Bruch wird durch einen Bruch dividiert, indem man den zweiten Bruch umkehrt und dann multipliziert.

Beispiel: $4\frac{1}{6} : 1\frac{2}{3} = \frac{25}{6} : \frac{5}{3} = \frac{25}{6} \cdot \frac{3}{5} = \frac{5}{2} = 2\frac{1}{2}$.

Merke: Eine gemischte Zahl wird durch eine gemischte Zahl dividiert, indem man die gemischten Zahlen in unechte Brüche verwandelt und dann dividiert.

Üben Sie: **1***

$\frac{3}{8} : 2$	$\frac{5}{6} : 3$	$\frac{3}{4} : 4$	$3 : \frac{1}{4}$	$4 : \frac{1}{5}$
$6 : \frac{2}{3}$	$5 : 2\frac{1}{2}$	$4 : 1\frac{1}{3}$	$6 : 1\frac{2}{3}$	$4\frac{1}{2} : 2$

2

$\frac{5}{6} : \frac{2}{3}$	$\frac{7}{8} : \frac{1}{4}$	$\frac{6}{9} : \frac{2}{3}$	$\frac{5}{10} : \frac{3}{5}$	$\frac{3}{4} : \frac{3}{4}$
$4\frac{3}{4} : 1\frac{1}{4}$	$3\frac{2}{3} : 1\frac{1}{3}$	$6\frac{5}{8} : 2\frac{3}{4}$	$4\frac{1}{4} : 1\frac{3}{4}$	$10\frac{1}{2} : 1\frac{2}{3}$

Berechnen Sie den Preis pro m²: **3**

a) $16\frac{4}{5}$ m² PVC-Wandbelag .... 185,40 DM (196,75 DM)

b) $45\frac{2}{3}$ m² Dekor-Wandplatten .... 863,10 DM (798,60 DM)

c) $38\frac{1}{4}$ m² Styropor-Deckenplatten .... 187,40 DM (193,50 DM)

---

4   a) Wieviel $\frac{3}{4}$-l-Flaschen können aus $215\frac{1}{2}$ l Wein abgefüllt werden?

b) Wieviel $\frac{1}{8}$-kg-Teepäckchen kann man aus $124\frac{1}{2}$ kg herstellen?

c) Wieviel Anzüge zu je $3\frac{1}{4}$ m Stoff kann man aus $32\frac{1}{2}$ m herstellen?

---

5   Teilen Sie:

a) $\frac{5}{8}$: 3   b) $5\frac{1}{6}$: 7   c) $36\frac{3}{4}$: 5   d) $4\frac{4}{5}$: 16

$\frac{7}{10}$: 2 $4\frac{1}{3}$: 6 $66\frac{5}{8}$: 9 $59\frac{4}{5}$: 8

$\frac{5}{9}$: 4 $8\frac{3}{4}$: 9 $18\frac{1}{4}$: 12 $12\frac{1}{6}$: 9

---

6   Teilen Sie, indem Sie mit dem Kehrwert des Teilers multiplizieren.

a) $\frac{3}{4}$: $\frac{2}{3}$ b) 9   : $\frac{5}{6}$ c) 7   : $2\frac{1}{2}$ d) $3\frac{1}{2}$: $1\frac{2}{5}$

$10\frac{1}{2}$: $1\frac{2}{3}$ $\frac{5}{6}$: $\frac{2}{3}$ $\frac{7}{8}$: $\frac{1}{4}$ 4   : $\frac{2}{5}$

$3\frac{3}{4}$: $3\frac{1}{3}$ $\frac{3}{4}$: $\frac{4}{9}$ $\frac{3}{8}$: $\frac{9}{10}$ $\frac{5}{10}$: $\frac{3}{4}$

$10\frac{1}{2}$: $1\frac{3}{4}$ 6   : $2\frac{1}{2}$ 9   : $1\frac{2}{3}$ $\frac{7}{8}$: $\frac{2}{3}$

25   : $2\frac{1}{4}$ $5\frac{1}{2}$: $2\frac{1}{5}$ $\frac{7}{8}$: $1\frac{7}{8}$ $2\frac{5}{6}$: $1\frac{3}{4}$

---

7   Berechnen Sie den Preis für die Einheit:

a) $5\frac{3}{4}$ kg zu 4,— DM   c) $3\frac{1}{8}$ kg zu 5,60 DM   e) $6\frac{3}{10}$ m³ zu 87,56 DM

b) $4\frac{3}{8}$ kg zu 4,80 DM   d) $2\frac{1}{3}$ kg zu 6,90 DM   f) $1\frac{2}{3}$ m³ zu 36,35 DM

---

8   36 l Wein (42 l, $76\frac{1}{2}$ l) zu 3,60 DM je l sollen in $\frac{3}{4}$-l-Flaschen abgefüllt werden. Berechnen Sie die Anzahl der Flaschen und den Preis je Flasche.

---

9   Tee soll in Päckchen zu je $\frac{1}{8}$ kg ($\frac{1}{20}$ kg) verkauft werden. Wieviel Päckchen erhält man aus: a) $41\frac{1}{4}$ kg,   b) $63\frac{5}{8}$ kg,   c) $72\frac{1}{8}$ kg?

---

10   586 l Tarragona werden in $\frac{7}{10}$-l-($\frac{3}{4}$-l-)Flaschen abgefüllt. 50 l kosten im Einkauf 45,50 DM; die Bezugskosten betragen $\frac{1}{12}$ des Einkaufspreises. Berechnen Sie die Anzahl der Flaschen und den Preis für 1 Flasche.

---

11   Ein Gastwirt kauft 2 Fässer mit $51\frac{3}{5}$ l und $49\frac{2}{3}$ l Exportbier. Der Schankverlust beträgt $\frac{1}{16}$. Wieviel Gläser zu a) $\frac{3}{10}$ l, b) $\frac{1}{5}$ l kann er zapfen? Wie groß ist der Rest in jedem der beiden Fässer?

---

12   Ein Faß Weinessig mit $50\frac{3}{4}$ l kostet 41,25 DM. Die Bezugskosten betragen $\frac{1}{12}$ des Preises. Berechnen Sie den Verkaufspreis für die $\frac{3}{4}$-l-Flasche, wenn für allgemeine Geschäftskosten $\frac{1}{7}$ des Bezugspreises und anschließend $\frac{1}{8}$ für Gewinn aufgeschlagen werden.

---

13   10 000 l Rheinwein (in Halbstückfässern) kosten lt. Rechnung 26 200,— DM. Die Frachtkosten betragen 178,— DM. Der Wein wird in $\frac{7}{10}$-l-Flaschen abgefüllt. Für Füllkosten werden 0,35 DM je Flasche gerechnet. Ermitteln Sie den Bezugspreis für 1 Flasche.

VI. Dezimalbrüche in Verbindung mit gemeinen Brüchen

Geben Sie als Dezimalbrüche an: **1***
a) als Zehntel: $\frac{1}{2}, \frac{1}{5}, \frac{3}{5}, \frac{4}{5}$;
b) als Hundertstel: $\frac{1}{4}, \frac{3}{4}, \frac{1}{5}, \frac{3}{5}, \frac{1}{20}, \frac{13}{20}, \frac{1}{25}, \frac{7}{25}, \frac{21}{25}, \frac{1}{50}, \frac{29}{50}$;
c) als Tausendstel: $\frac{1}{8}, \frac{7}{8}, \frac{1}{40}, \frac{9}{40}, \frac{1}{125}, \frac{11}{125}, \frac{1}{200}, \frac{17}{200}, \frac{1}{250}, \frac{19}{250}$.

Geben Sie als gemeine Brüche an und kürzen Sie, soweit es geht: **2***
a) 0,5;   0,2;   0,4;   0,6;   0,8;   (z. B. $0,5 = \frac{5}{10} = \frac{1}{2}$)
b) 0,40; 0,55; 0,25; 0,75; 0,48; 0,15; 0,06; 0,56; 0,88; 0,96
c) 0,005; 0,875; 0,125; 0,625; 0,075; 0,015; 0,375; 0,848; 0,006; 0,355

Drücken Sie als Dezimalbrüche aus: **3**
a) $\frac{4}{5}, \frac{5}{8}, \frac{7}{10}, \frac{15}{16}, \frac{17}{20}, \frac{19}{25}, \frac{29}{40}, \frac{67}{60}, \frac{5}{9}, \frac{7}{11}, \frac{8}{15}, \frac{21}{50}, \frac{16}{75}$
b) $\frac{1}{3}, \frac{2}{3}, \frac{1}{9}, \frac{2}{9}, \frac{7}{9}, \frac{5}{6}, \frac{14}{15}, \frac{5}{24}, \frac{1}{30}, \frac{33}{75}, \frac{11}{100}, \frac{23}{30}, \frac{6}{7}$

Verwandeln Sie in Dezimalbrüche (Teilen Sie bis zur üblichen Stellenzahl.): **4**
a) $2\frac{5}{6}$ DM; $7\frac{1}{9}$ m; $8\frac{5}{11}$ DM; $3\frac{7}{15}$ hl; $9\frac{3}{10}$ hl; $6\frac{7}{8}$ m^2
b) $3\frac{14}{15}$ kg; $9\frac{1}{6}$ t; $5\frac{2}{3}$ km; $8\frac{7}{18}$ ha; $4\frac{3}{7}$ a; $6\frac{5}{9}$ DM

Prüfen Sie bei den folgenden Aufgaben, ob und welche Verwandlung eines **5**
Bruches vorteilhaft ist.

a)	b)	c)	d)
$\frac{1}{2} + 0,3$	$\frac{2}{5} - 0,3$	$0,6 \cdot \frac{1}{2}$	$0,2 : \frac{1}{2}$
$\frac{3}{5} + 0,7$	$2\frac{1}{2} - 0,2$	$1,2 \cdot \frac{3}{4}$	$0,8 : \frac{2}{3}$
$\frac{1}{4} + 0,4$	$3\frac{4}{5} - 0,7$	$4,8 \cdot \frac{5}{6}$	$5,6 : \frac{1}{9}$
$\frac{3}{4} + 0,6$	$6\frac{1}{4} - 1,02$	$3,6 \cdot \frac{5}{9}$	$7,5 : \frac{3}{4}$
$0,6 + \frac{1}{2}$	$8,4 - 1\frac{1}{2}$	$\frac{1}{2} \cdot 2,5$	$4,8 : 1\frac{3}{5}$
$3,2 + \frac{4}{5}$	$9,02 - 2\frac{4}{5}$	$\frac{3}{4} \cdot 6,2$	$9,6 : 2\frac{2}{3}$
$7,8 + \frac{3}{4}$	$7,8 - \frac{3}{4}$	$\frac{3}{5} \cdot 1,8$	$7,5 : 3\frac{1}{8}$
$2,5 + \frac{3}{5}$	$6,35 - 2\frac{3}{5}$	$2\frac{3}{4} \cdot 7,2$	$12,8 : 3\frac{1}{5}$

Von einem Vorrat von 45 kg werden verkauft: **6**
550 g, 725 g, 3,250 kg, $3\frac{1}{2}$ kg, 5,125 kg. Wieviel kg bleiben übrig?

Am Lager waren 329,75 m Kabel. Davon wurden verkauft: 65,50 m, $118\frac{1}{3}$ m, **7**
$28\frac{1}{4}$ m, $35\frac{2}{3}$ m, $21\frac{1}{5}$ m. Wieviel m sind noch am Lager?

$2\frac{2}{5}$ l Holzschutzmittel, farblos, kosten 18,90 DM. Wieviel kostet 1 Liter? **8**

Aus einer Zapfstelle, die mit 5000 l bleifreiem Normalbenzin gefüllt wurde, **9**
werden Firmenfahrzeuge mit 48,25 l, $33\frac{1}{2}$ l, 40,40 l, $43\frac{3}{4}$ l, 36,72 l und $49\frac{2}{3}$ l
betankt. Wieviel l sind noch im Tank der Zapfstelle?

3. Abschnitt:
Durchschnitts- und Mischungsrechnung

I. Berechnen des Durchschnittswertes

A. Einfacher Durchschnitt

Beispiel: In einem Geschäft sind 6 Verkäuferinnen beschäftigt, von denen jede in einer Woche folgende Umsätze erzielte:

A = 2298,— DM   B = 3122,— DM   C = 4314,— DM
D = 2520,— DM   E = 1990,— DM   F = 5280,— DM

Wie hoch war der durchschnittliche Umsatz?

Lösung: 2298 + 3122 + 4314 + 2520 + 1990 + 5280 = 19524;
19524 : 6 = 3254,— DM

Merke: einfacher Durchschnitt = $\dfrac{\text{Summe}}{\text{Anzahl der Summanden}}$

---

1 4 Kaffeesorten werden zu gleichen Teilen miteinander gemischt. Berechnen Sie den Durchschnittspreis je kg bei folgenden Sortenpreisen:

A: 10,50 DM;   B: 12,50 DM;   C: 8,80 DM;   D: 9,40 DM je $\frac{1}{2}$ kg

---

2 Die Preise für $\frac{1}{2}$ kg Spargel schwanken im Laufe einer Woche.

Montag $\frac{1}{2}$ kg = 4,60 DM   Donnerstag $\frac{1}{2}$ kg = 4,20 DM

Dienstag $\frac{1}{2}$ kg = 4,30 DM   Freitag $\frac{1}{2}$ kg = 4,40 DM

Mittwoch $\frac{1}{2}$ kg = 4,80 DM   Samstag $\frac{1}{2}$ kg = 5,30 DM

Berechnen Sie den durchschnittlichen Preis für $\frac{1}{2}$ kg.

---

3 Die Kostensätze eines Industriebetriebes waren in den letzten 5 Jahren:

$8\frac{1}{3}$ %, $12\frac{1}{2}$ %, $11\frac{2}{5}$ %, $14\frac{1}{4}$ % und $10\frac{2}{3}$ %. Mit welchem durchschnittlichen Kostensatz hat der Betrieb in dieser Zeit kalkuliert?

---

4 In einem Textilgeschäft betrug die Zahl der bedienten Kunden am:

Montag   68   Mittwoch   91   Freitag   137
Dienstag   85   Donnerstag   126   Sonnabend   156

Wieviel Kunden wurden demnach im Durchschnitt täglich bedient?

B. „Gewogener" Durchschnitt

Beispiel: Zur Vereinfachung des Verkaufs werden für den bevorstehenden Schlußverkauf Kinder-T-Shirts zum Durchschnittspreis ausgezeichnet. Es handelt sich um folgende Restposten: 15 Stück zu 19,95 DM, 25 Stück zu 13,85 DM und 38 Stück zu 15,75 DM.

510124

$$15 \text{ Stück zu } 19,95 \text{ DM} = 15 \cdot 19,95 = 299,25 \text{ DM}$$
$$25 \text{ Stück zu } 13,85 \text{ DM} = 25 \cdot 13,85 = 346,25 \text{ DM}$$
$$38 \text{ Stück zu } 15,75 \text{ DM} = 38 \cdot 15,75 = 598,50 \text{ DM}$$

$$78 \text{ Stück} \qquad\qquad = 1\,244,— \text{ DM}$$
$$1 \text{ Stück} = 1\,244 : 78 = 15,948$$

Die Kinder-T-Shirts werden also zum Durchschnittspreis von 15,95 DM ausgezeichnet.

Merke: gewogener Durchschnitt $= \dfrac{\text{Summe der Einzelwerte}}{\text{Gesamtmenge}}$

Berechnen Sie den Durchschnittspreis, wenn gemischt werden: **1***

a) 1 l zu 0,70 DM   b) 1,20 DM   c) 0,62 DM   d) 0,08 DM
mit 2 l zu je 1,— DM   je 1,60 DM   je 0,74 DM   je 0,26 DM

Berechnen Sie den Preis für 1 kg der Mischung, wenn 15 kg Tee zu 30,— DM **2**
mit 25 kg Tee zu 37,20 DM gemischt werden.

Kaffeemischung: **3**

25 kg zu 18,80 DM je kg   35 kg zu 20,20 DM je kg

a) Berechnen Sie den Preis für $\frac{1}{2}$ kg.

b) Ermitteln Sie die Anzahl der 250-g-Pakete und den Preis für ein Paket.

c) Rechnen Sie mit 125-g-Päckchen.

d) Setzen Sie als Preise 18,— DM und 21,50 DM ein.

Teemischung: **4**

8 kg zu 13,75 DM je $\frac{1}{2}$ kg   12 kg zu 14,15 DM je $\frac{1}{2}$ kg

a) Berechnen Sie den Preis für $\frac{1}{8}$ kg.

b) Ermitteln Sie die Anzahl der 50-g-Päckchen und den Preis für ein Päckchen.

c) Rechnen Sie mit 125-(200-)g-Päckchen.

d) Setzen Sie als Preise 18,— DM und 14,65 DM ein.

Mehlmischung: **5**

500 kg zu 110,— DM je 100 kg   3 500 kg zu 135,— DM je 100 kg

a) Berechnen Sie den Preis für 50 kg.

b) Ermitteln Sie die Anzahl und den Preis für 2,5-kg-Tüten.

Mischobst: Es werden gemischt 5 kg Zwetschen zu 2,10 DM je kg, 8 kg Birnen **6**
zu 2,80 DM je kg, 12 kg Kirschen zu 3,20 DM je kg.

a) Berechnen Sie den Preis für $\frac{1}{2}$ kg.

b) Ermitteln Sie die Anzahl der 125-g-Tüten und den Preis für eine Tüte.

---

7 Pralinenmischung: Gemischt werden 4 kg zu 9,60 DM, 2 kg zu 9,70 DM und 6 kg zu 10,15 DM; die Preise gelten für $\frac{1}{2}$ kg.

    a) Berechnen Sie den Preis für $\frac{1}{4}$ kg.

    b) Ermitteln Sie die Anzahl der Schachteln zu je 250 g und den Preis für eine solche Packung.

8 Ein Lieferant hat einen Auftrag über 40 kg zu je 4,50 DM erhalten. Da er diese Ware nicht vorrätig hat, mischt er 3 Sorten, und zwar von der 1. Sorte 18 kg zu je 6,20 DM, von der 2. Sorte 15 kg zu je 3,80 DM.

Wieviel DM kostet 1 kg der 3. Sorte?

9 Weinbrandverschnitt: 8 l Weinbrand zu je 14,50 DM, 15 l absoluter Alkohol zu je 18,40 DM, 17 l Wasser.

    a) Berechnen Sie den Preis für eine 0,7-l-Flasche.

    b) Ermitteln Sie die Anzahl der 100-cm^3-Probefläschchen und den Preis für 1 Probefläschchen.

    c) Setzen Sie in der Aufgabe als Preise 16,— DM und 17,90 DM ein.

10 In einem Lebensmittelgeschäft soll eine Pralinenmischung aus den vorhandenen Restmengen hergestellt werden:

$2\frac{1}{8}$ kg zu 20,25 DM je kg	$4\frac{1}{2}$ kg zu 21,— DM je kg
$3\frac{2}{5}$ kg zu 22,50 DM je kg	$1\frac{1}{4}$ kg zu 23,50 DM je kg
$1\frac{5}{8}$ kg zu 24,— DM je kg	$2\frac{3}{8}$ kg zu 19,— DM je kg

Zu welchem Preis können 125 g der Mischung verkauft werden?

11 Zur Herstellung einer Keksmischung werden verwendet:

    1. Sorte zu 6,40 DM je $\frac{1}{2}$ kg   3. Sorte zu 1,60 DM je 100 g

    2. Sorte zu 1,95 DM je $\frac{1}{8}$ kg

Was kostet 1 kg, wenn im Verhältnis 5 : 5 : 6 gemischt wird?

12 Zum Winterschlußverkauf werden 3 Qualitäten einer Ware zu einem einheitlichen Preis angeboten. Es sind vorhanden:

    Qualität A 28 Stück   Preis 3,60 DM je Stück
    Qualität B 42 Stück   Preis 2,80 DM je Stück
    Qualität C 75 Stück   Preis 2,25 DM je Stück

Berechnen Sie den Durchschnittspreis für ein Stück.

13 Aus 4 Sorten einer Ware soll eine Mischung hergestellt werden. Der Preis je kg der einzelnen Sorten ist:

    Sorte I = 18,50 DM   Sorte III = 16,90 DM
    Sorte II = 24,30 DM   Sorte IV = 26,40 DM

Berechnen Sie den Durchschnittspreis je $\frac{1}{2}$ kg bei folgender Mischung:

    a) gleiche Mengen   b) 2 : 1 : 3 : 5   c) 7 : 5 : 3 : 1   d) 6 : 5 : 2 : 3

510126

C. Teilmenge und Preis werden gesucht

Beispiel: 60 kg einer Mischung zu 14,50 DM werden benötigt. Sie wird aus 45 kg einer Sorte zu 12,— DM/kg und einer zweiten, teureren Sorte hergestellt. Wie teuer darf 1 kg der 2. Sorte sein?

Lösung:

60 kg Mischung zu 14,50 DM	— 870,— DM
./. 45 kg 1. Sorte zu 12,— DM	— 540,— DM
15 kg 2. Sorte	— 330,— DM
1 kg	— 22,— DM

1 Zu 34 l einer Fruchtsaftlösung zu 2,60 DM je Liter werden 17 l einer anderen, teureren Sorte so gemischt, daß 1 l der Mischung zu 3,50 DM verkauft werden kann. Wieviel darf 1 l der 2. Sorte kosten?

2 Von einer Pralinenmischung werden 86 kg zum Preis von 19,50 DM je kg bestellt. Durch Mischen einer Restmenge von 38 kg zu 18,40 DM je kg mit einer anderen Sorte wird die bestellte Preislage hergestellt. Berechnen Sie Menge und Preis der 2. Sorte.

3 45 kg Tabak zu 44,— DM je kg werden mit 25 kg einer minderen Qualität gemischt, so daß 1 kg der Mischung 40,— DM kostet. Was kostet in diesem Fall 1 kg der geringeren Sorte?

4 Ein Kräutermixtee wird aus folgenden Restmengen zusammengestellt:
45,2 kg zu 1,65 DM je kg und 62,8 kg zu 3,90 DM je kg.
Von einer 3. Sorte sollen noch 36 (25) kg hinzugemischt werden, so daß 1 kg des Mixtees zu 4,25 DM verkauft werden kann. Wieviel kostet 1 kg der 3. Sorte?

II. Berechnen des Mischungsverhältnisses

A. 2 Sorten werden gemischt

Beispiel: Aus 2 Sorten Kaffee zu 24,— DM und 18,— DM für 1 kg soll eine Kaffeemischung zu 19,50 DM für 1 kg hergestellt werden.
a) Ermitteln Sie das Mischungsverhältnis.
b) Welche Menge muß man von der 2. Sorte nehmen, wenn von der 1. Sorte ein Restbestand von 7 kg verwendet werden soll?

Zu a) 1. Sorte = 24,— DM   — 4,50 DM = 3 Teile ⟶ 1 Teil

Mischung = 19,50 DM   Verlust 4,50 DM

2. Sorte = 18,— DM   + 1,50 DM = 1 Teil ⟶ 3 Teile

Gewinn 4,50 DM

Das Mischungsverhältnis ist 1 : 3.

Erklärung: 1 kg der 1. Sorte ergibt zum Mischungspreis einen Verlust von 4,50 DM und 1 kg der 2. Sorte ergibt zum Mischungspreis einen Gewinn von 1,50 DM; d. h. je 3 kg der 2. Sorte (3 · 1,50 = 4,50) gleichen den Verlust von 1 kg der 1. Sorte (1 · 4,50 = 4,50) aus. Die Mischung der beiden Sorten muß daher im umgekehrten Verhältnis (nicht 3 : 1, sondern 1 : 3) erfolgen.

Merke: Mischen Sie „über Kreuz"!

Zu b)   1. Sorte = 7 kg
2. Sorte = 7 · 3 = 21 kg

Probe: 7 kg = 168,— DM
21 kg = 378,— DM
28 kg = 546,— DM; mithin 1 kg = 19,50 DM.

1 Kaffeemischung:

I. Sorte zu 17,50 DM je kg   II. Sorte zu 14,50 DM je kg

a) Wie ist das Mischungsverhältnis, wenn die Mischung je kg 15,50 DM kostet?
b) Wieviel kg der II. Sorte sind mit 5½ kg der I. Sorte zu mischen?
c) Wie teuer wird ein 200-(250-)g-Paket verkauft?

2 Teemischung:

I. Sorte zu 13,25 DM je ½ kg   II. Sorte zu 12,15 DM je ½ kg

a) Wie ist das Mischungsverhältnis bei einem Preis von 25,— DM je kg?
b) Wieviel kg der I. Sorte sind mit 30 kg der II. Sorte zu mischen?

3 Pralinenmischung:

I. Sorte zu 12,60 DM für ½ kg   II. Sorte zu 10,20 DM für ½ kg

a) Wie ist das Mischungsverhältnis bei einem Preis von 11,— DM für ½ kg?
b) Wieviel kg der I. Sorte sind mit 16 kg der II. Sorte zu mischen?

4 Weinverschnitt:

Ein Weinhändler erhält eine Bestellung über 285 l Rheinwein zu 4,80 DM. Da er aber nur Wein zu 5,80 DM und 3,90 DM am Lager hat, mischt er beide Sorten. Wieviel Liter muß er von den beiden Sorten nehmen?

5 Die Firma Strödter & Wörner in D. benötigt von einer Ware 2 000 Päckchen zu je 100 g zu 2,15 DM das Stück. Sie hat eine Sorte zu 21,80 DM und eine 2. Sorte zu 21,— DM je kg auf Lager. Wieviel kg muß sie von jeder Sorte für die Mischung nehmen?

6 Ein Weingroßhändler hat ein Faß Wein (1 200 l) im Keller liegen, den er mit 4,10 DM je Liter kalkuliert. Wieviel Liter zu je 3,60 DM muß er zusetzen, damit das Faß Wein restlos aufgebraucht wird und der Verschnitt zu 3,90 DM verkauft werden kann?

Ein Händler braucht Tee zu 14,75 DM je $\frac{1}{2}$ kg. Er mischt 2 Sorten zu 13,50 DM **7**
und 15,25 DM je $\frac{1}{2}$ kg.

a) In welchem Verhältnis muß er mischen?

b) Wieviel kg jeder Sorte sind zu nehmen, wenn
    18 000 Beutel zu   50   g,
     9 600 Beutel zu   62$\frac{1}{2}$ g,
    18 400 Beutel zu $\frac{1}{8}$ kg,
    12 400 Beutel zu 150   g   abgepackt werden sollen?

Wir stellen eine Mischung aus 2 Sorten her. Von Sorte I nehmen wir 7$\frac{1}{8}$ kg zu **8**
4,40 DM je kg.

a) Wieviel kg der Sorte II müssen genommen werden, wenn das kg 6,48 DM
    kostet und die Mischung 5,70 DM je kg kosten soll?

b) In wieviel Beutel zu 150 g kann man die Mischung abfüllen, und was kostet
    ein Beutel im Verkauf, wenn noch 15 % Gewinn einkalkuliert werden (auf-
    runden)?

Wir benötigen 516,6 kg 31%igen Alkohol. Hierzu mischen wir 63%igen Alkohol **9**
mit destilliertem Wasser. Wieviel kg Wasser sind erforderlich?

B. 3 Sorten werden gemischt

1. Das Mischungsverhältnis von 2 Sorten ist gegeben.

Beispiel 1: Es soll eine Sorte zu 3,40 DM je kg durch Mischung von 3 Sorten hergestellt
werden. Es werden 25 kg zu 5,— DM und 35 kg zu 4,60 DM je kg mit einer
3. Sorte zu 1,40 DM gemischt. Wieviel kg der III. Sorte sind zu nehmen?

Lösung: I   25 kg zu 5,—   − 1,60 je kg = 40,— Verlust
            II   35 kg zu 4,60   − 1,20 je kg = 42,— Verlust
                                                          82,— Gesamtverlust

            Mischung 3,40

            III   **41** kg zu 1,40   + 2,— je kg = 82,— Gesamtgewinn

Um den Verlust von 82,— DM an den beiden ersten Sorten ausgleichen zu
können, müssen soviel kg der III. Sorte genommen werden, wie 2,— DM in
82,— DM enthalten sind, also 41 kg.

Machen Sie die Probe, indem Sie den Durchschnittspreis der Mischung aus
25 kg, 35 kg und 41 kg ermitteln.

Beispiel 2: Eine Ware wird zum Preis von 3,50 DM je Liter bestellt. Durch Mischung von
45 l zu 2,40 DM und 20 l zu 5,20 DM je Liter mit einer Qualität zu 4,75 DM
je Liter kann diese Bestellung ausgeführt werden. Es ist die Menge der 3. Sorte
zu bestimmen.

1 In einer Lebensmittelgroßhandlung wird eine Ware zu 4,30 DM je kg bestellt. Durch Mischung zweier Restbestände von 36 kg zu 2,40 DM je kg und 54 kg zu 3,80 DM je kg mit einer anderen vorrätigen Menge zu 5,20 DM je kg soll die Bestellung ausgeführt werden. Berechnen Sie die Menge der fehlenden Sorte.

2 Aus 3 Sorten einer Ware zu 4,75 DM, 3,75 DM und 6,80 DM je Liter soll eine Mittelsorte zu 5,40 DM hergestellt werden. Wieviel Liter der II. Sorte zu 3,75 DM sind zu nehmen, wenn die Reste von Sorte I = 47,4 l und von Sorte III = 62,9 l aufgebraucht werden sollen?

3 Mischobst soll aus Aprikosen zu 2,40 DM je kg, Birnen zu 1,36 DM und Zwetschen zu 1,20 DM je kg hergestellt werden.
   a) Wieviel kg Zwetschen sind erforderlich, wenn man 12 kg Birnen und 15 kg Aprikosen mit Zwetschen so mischt, daß das Mischobst zu 0,80 DM je $\frac{1}{2}$ kg verkauft werden kann?
   b) Wieviel kg Birnen muß man mit 14 kg Aprikosen und 25 kg Zwetschen mischen?

4 Es sollen 540 l eines 48%igen Alkoholerzeugnisses aus 32-, 40- und 60%igem Alkohol gemischt werden. Berechnen Sie die Menge, wenn von den einzelnen Sorten folgende Teile genommen werden:

Sorte	a)	b)	c)	d)
I	2	1	?	1
II	3	?	2	4
III	?	5	3	?

5 16 kg Pralinenmischung werden aus 3 Sorten so zusammengestellt, daß 100 g mit 1,95 DM angeboten werden können. Man verwendet von der I. Sorte 3 Teile und von der II. Sorte 2 Teile. Es kosten: I. Sorte 21,— DM, II. Sorte 18,— DM und III. Sorte 19,— DM je kg. Wieviel kg sind von der III. Sorte zu nehmen?

6 Ein Kaffeegroßhändler erhält einen Auftrag auf Kaffee zu 20,— DM je kg. Zur Erledigung dieses Auftrages mischt er 3 Sorten: 18 kg zu 18,50 DM, 10,5 kg zu 19,— DM und eine bessere Qualität zu 22,50 DM je kg. Wieviel kg der besseren Sorte sind zu nehmen?

510130

Um Essig zu 1,50 DM je Liter liefern zu können, mischt man 27 l zu 1,20 DM **7** und 135 l zu 1,80 DM mit einer billigeren Sorte zu 1,10 DM je Liter. Wieviel Liter müssen von dieser Sorte genommen werden?

Es soll ein Bowlenwein zu 2,50 DM je l angeboten werden. Folgende Ver- **8** schnittweine sind vorhanden: 1. Sorte zu 3,— DM je l; 2. Sorte zu 2,80 DM je l; 3. Sorte zu 2,— DM je l. Von der 1. Sorte verwenden wir 50 l und von der 2. Sorte 40 l.

a) Ermitteln Sie das Mischungsverhältnis.
b) Wieviel Liter der 3. Sorte sind erforderlich?

Ein Großhändler soll für eine Kantine 500 Päckchen Tee zu je 50 g zu 1,40 DM **9** liefern. Er mischt zwei auf Lager vorhandene Sorten zu 25,50 DM und 29,50 DM je kg. Wieviel kg muß er von jeder Sorte nehmen?

2. Viele Mischungsverhältnisse sind möglich.

Beispiel: Eine Mischung zu 20,— DM je kg soll aus 3 Sorten hergestellt werden. Man verwendet Sorte I zu 24,— DM, Sorte II zu 23,— DM und Sorte III zu 18,— DM je kg.

Wieviel kg können von jeder Sorte genommen werden, wenn insgesamt 1 368 kg gemischt werden?

Lösung: Es sind viele Mischungsverhältnisse möglich (warum?).

Man könnte z. B. nehmen:

a) von Sorte I 2 Teile, von Sorte II 3 Teile
b) von Sorte II 1 Teil, von Sorte III 3 Teile
c) von Sorte I 1 Teil, von Sorte III 5 Teile

			Teile:			Gewinn (G)	Verlust (V)	
			a)	b)	c)	a)	b)	c)
I	24,—	−4,—	2	$^3/_4$	1	V 8,—	V 3,—	V 4,—
II	23,—	−3,—	3	1	2	V 9,—	V 3,—	V 6,—
Mischung	**20,—**							
III	18,—	+2,—	$8^1/_2$	3	5	G 17,—	G 6,—	G 10,—
			$13^1/_2$	$4^3/_4$	8			

Zu a) Der Verlust von 17,— DM (8,— + 9,— DM) an den beiden ersten Sorten muß durch die 3. Sorte ausgeglichen werden (17 : 2 = $8^1/_2$).

1 368 kg = $13^1/_2$ Teile; **1 Teil** = 1 368 : $13^1/_2$ = **$101^1/_3$ kg**

I. Sorte also 2 x $101^1/_3$ = $202^2/_3$ kg
II. Sorte also ? = 304 kg
III. Sorte also ? = $861^1/_3$ kg
_____
1 368 kg

Zu b) Der Gewinn von 3,— DM (− 3,— + 6,—) an der 2. und 3. Sorte muß durch die
1. Sorte ausgeglichen werden (3 : 4 = $^3/_4$).

1 368 kg = $4^3/_4$ Teile; **1 Teil** = 1 368 : $4^3/_4$ = **288 kg**

  I. Sorte =   216 kg
 II. Sorte =   288 kg
III. Sorte =   864 kg
───────────────
       1 368 kg

Zu c) Von der 2. Sorte müssen so viele Teile genommen werden, daß der Gewinn von
6,— DM an den beiden anderen Sorten ausgeglichen wird (6 : 3 = 2). Vervollständigen Sie die Lösung wie unter a) und b).

Merke: Wählen Sie die Teile so aus, daß der *Gesamtgewinn* an den billigen Sorten *gleich* ist dem *Gesamtverlust* an den teueren Sorten.

---

1 Drei Sorten Weizen sind auf Lager, und zwar I. Manitoba-Weizen zu 28,— DM,
II. deutscher Kleber-Weizen zu 25,— DM und III. deutscher Landweizen zu
21,— DM. Es soll ein Durchschnittspreis von 24,50 DM erzielt werden. Von
deutschem Landweizen ist ein Lagervorrat von 35 t zu verwerten. Welche
Mengen müssen von den anderen Sorten genommen werden?

---

2 280 l eines Erzeugnisses sollen zu 6,20 DM je Liter geliefert werden. Dies ist
nur durch Mischung von drei Sorten zu 9,20 DM, 5,30 DM und 4,70 DM je Liter
möglich. Welche Mengen können von den einzelnen Sorten verwendet werden?
(Zeigen Sie verschiedene Möglichkeiten.)

---

3 Kaffee soll aus 3 Sorten so gemischt werden, daß die Mischung zu a) 8,40 DM,
b) 8,80 DM, c) 9,15 DM je $^1/_2$ kg verkauft werden kann.

Zur Mischung verwendet man von:

Sorte I   zu a) 7,74   b) 8,17   c) 8,67 DM je $^1/_2$ kg

Sorte II zu a) 7,96   b) 8,16   c) 8,83 DM je $^1/_2$ kg

Sorte III zu a) 9,39   b) 9,52   c) 9,79 DM je $^1/_2$ kg

Wieviel kg sind von jeder Sorte zu nehmen, wenn

a) 340 kg,   b) 420 kg,   c) 180 kg

hergestellt werden sollen?

---

4 Es soll eine Gebäckmischung zu 10,— DM hergestellt werden. Die I. Sorte
kostet 10,60 DM, die II. Sorte 10,20 DM und die III. Sorte 9,60 DM je kg.

a) Wieviel kg der II. Sorte und der III. Sorte müssen genommen werden, wenn
   von der I. Sorte noch 6 kg vorhanden sind?

b) Wieviel kg der III. Sorte sind erforderlich, wenn von der I. Sorte 6 kg und
   von der II. Sorte 3 kg vorhanden sind?

---

5 Ein deutscher Importeur will einen Restbestand von 56 kg zu 4,95 DM je kg
durch Mischen mit folgenden Importwaren aufbrauchen: 1. englische Ware zu
5,20 DM je kg; 2. holländische Ware zu 7,20 DM je kg. Ein kg der Mischung
soll 6,— DM kosten. Wieviel kg jeder Importware könnte er verwenden?

510132

4. Abschnitt: Verteilungsrechnung

Wieviel erhält jede von den 3 Personen A, B und C?   **1***

Verteilungsmenge: Verteilungsschlüssel:

a)	84,— DM	$A = \frac{1}{2}$		$B = \frac{1}{4}$		$C = \frac{1}{4}$
b)	120,— DM	$A = \frac{1}{3}$		$B = \frac{1}{6}$		$C = \frac{1}{2}$
c)	250,— DM	$A = \frac{1}{5}$		$B = \frac{3}{5}$		C = Rest
d)	360	kg	$A = \frac{1}{2}$	$B = \frac{1}{5}$		$C = \frac{3}{10}$
e)	500	kg	$A = \frac{1}{10}$	$B = \frac{1}{2}$		C = Rest
f)	3000	kg	$A = \frac{1}{6}$	$B = \frac{1}{3}$		C = Rest
g)	8400	kg	$A = \frac{1}{3}$	$B = \frac{1}{4}$		$C = \frac{5}{12}$

Wieviel erhält jede von den 3 Personen A, B und C?   **2***

Verteilungssumme: Verteilungsschlüssel:

a)	48,— DM (84,— DM)	1 : 2 : 1	(5 : 4 : 3)
b)	96,— DM (72,— DM)	3 : 2 : 1	(7 : 5 : 6)
c)	120,— DM (400,— DM)	1 : 3 : 1	$(2\frac{1}{2} : 12\frac{1}{2} : 5)$
d)	350,— DM (390,— DM)	2 : 2 : 3	$(\frac{1}{3} : \frac{1}{2} : \frac{1}{4})$
e)	2100,— DM (560,— DM)	1 : 4 : 2	$(\frac{1}{4} : 1 : \frac{1}{2})$

Beispiel: Drei Gesellschafter betreiben gemeinsam ein Handelsgewerbe. A ist mit 150000,— DM, B mit 200000,— DM und C mit 350000,— DM beteiligt. Ein Jahresgewinn von 87500,— DM soll im Verhältnis zu den Beteiligungen verteilt werden. Wieviel erhält jeder?

A: Beteiligung 150000,— DM – | 3 Anteile – 3 · 6250 = 18750,— DM ◄

B: Beteiligung 200000,— DM – | 4 Anteile – 4 · 6250 = 25000,— DM ◄

C: Beteiligung 350000,— DM – | 7 Anteile – 7 · 6250 = 43750,— DM ◄

14 Anteile   87500,— DM

▼ **1 Anteil** = 87500 : 14 = **6250,— DM,** also:

Beachte: Kürzen Sie die Beträge soweit wie möglich und bilden Sie die kleinsten ganzzahligen Anteile.

Ein Jahresgewinn von 210612,35 DM soll unter 3 Gesellschafter A, B und C im   **3**
Verhältnis zu ihrer Kapitalbeteiligung verteilt werden. A war mit 100000,— DM,
B mit 180000,— DM und C mit 320000,— DM beteiligt.

a) Wieviel erhält jeder?

b) Rechnen Sie auch mit Beteiligungen von 120000,— DM, 250000,— DM und
   480000,— DM bzw. 180000,— DM, 210000,— DM und 360000,— DM.

---

4 Eine OHG hatte beim Abschluß einen Reingewinn von 62 680,— DM. A ist mit 22 800,— DM, B mit 37 500,— DM und C mit 60 400,— DM beteiligt. Der Reingewinn ist wie folgt zu verteilen:

a) nach Kapitalanteilen;
b) nach den Bestimmungen des HGB;
c) nach den Bestimmungen des HGB, unter der Voraussetzung, daß A 3 680,— DM vom Gewinn vorweg bekommt.

Wie hoch ist das neue Kapital jedes Teilhabers, wenn A = 6 200,— DM, B = 6 800,— DM und C = 7 500,— DM privat entnommen haben?

5 Ein Geschäftsbetrieb wird aufgelöst. A war mit $\frac{2}{5}$, B mit $\frac{3}{8}$ und C mit 19 800,— DM beteiligt. In der Bilanz werden die Aktiven mit 83 280,— DM und die Passiven mit 28 600,— DM ausgewiesen.

a) Wie hoch waren die Einlagen der 3 Teilhaber?
b) Wieviel DM erhält jeder Teilhaber nach erfolgter Liquidation?

6 Herr Kaufmann hat in seinem Testament bestimmt, daß A $\frac{1}{4}$, B $\frac{2}{5}$, C $\frac{1}{6}$ und D den Rest des Nachlasses, nämlich 18 700,— DM, erhält. Wieviel erhält jeder nach der Eröffnung des Testamentes, und wie hoch war der Nachlaß?

7 Ein Kaufmann bezieht in einer Sendung 4 verschiedene Warenposten:

Ware	Gewicht		Preis			
I	180 kg	18,— DM	% kg	netto		Tara 3 %
II	220 kg	9,— DM	% kg	br/n		
III	300 kg	55,— DM	% kg	netto		Tara 3 %
IV	400 kg	70,— DM	% kg	netto		Tara 3 %

a) Verteilen Sie 81,— DM Fracht, 29,— DM Rollgeld nach dem Gewicht, 27,— DM Versicherung und 43,— DM Vertreterprovision nach dem Wert auf die 4 Warenposten.
b) Wie teuer sind 50 kg im Einkauf?

8 Es werden 50 Sack Guatemala-Kaffee im Gewicht von 3 485 kg brutto und 20 Sack Santos-Kaffee im Gewicht von 1 196 kg bezogen. Die Fracht beträgt 581,50 DM, das Rollgeld 28,75 DM. Wieviel Bezugskosten entfallen:

a) auf jeden Warenposten,
b) auf je 50 kg?

9 In einem Betrieb werden die Raumkosten auf die Werkstätten und Abteilungen nach der Raumgröße verteilt. Werkstatt I hat 680 m² Fläche, Werkstatt II 560 m², Materialverwaltung 240 m², kaufmännische Verwaltung 140 m², Vertrieb 80 m². Verteilen Sie die monatlichen Raumkosten von 13 544,— DM auf die Kostenstellen.

510134

Die Elektra in K. erzeugte im Monat März 4 120 000 Kilowatt bei insgesamt **10**
59 135,57 DM Kosten.

Stromverbrauch: Vorortgemeinde A = 2 034 000 kW,
Vorortgemeinde B = 1 120 000 kW,
Chemische Fabrik C = den Rest.

Die anteiligen Kosten der Stromverbraucher sind zu ermitteln.

An einer Kommanditgesellschaft sind beteiligt: **11**

Schneider mit 65 800,— DM ⎱
Lang   mit 72 300,— DM ⎰ als Vollhafter
Grund   mit 25 000,— DM als Teilhafter

Der Reingewinn beträgt 82 590,— DM.

Die Vollhafter erhalten im voraus je 5 000,— DM. Dann erhält jeder Gesellschafter 4 % seiner Einlage. Der verbleibende Rest wird verteilt im Verhältnis 2 : 2 : 1. Wie hoch sind die Gewinnanteile?

3 Lebensmittelgroßhändler beziehen gemeinsam Waren für 3 640,— DM. Das **12**
Nettogewicht beträgt 860 kg. B nimmt 60 kg mehr als A, C 120 kg mehr als B ab. Wieviel kg erhält jeder? Stellen Sie die Abrechnung auf und legen Sie dabei 48,15 DM Frachtkosten zugrunde.

An einem Unternehmen sind die Gesellschafter A, B und C mit insgesamt **13**
61 500,— DM beteiligt. Die Kapitaleinlage des A ist um $\frac{1}{3}$ höher als die des B, C hat 2 000,— DM weniger eingelegt als B. Wie hoch ist der Gewinnanteil, der von dem Gesamtgewinn von 15 300,— DM auf die einzelnen Gesellschafter entfällt?

In einem Dreifamilienhaus mit Zentralheizung wohnen folgende Mietparteien: **14**
im Erdgeschoß (130 m²) Familie A (4 Personen), Nettomiete 750,— DM; im 1. Stock (130 m²) Familie B (5 Personen), Nettomiete 875,— DM; im 2. Stock (98 m²) Familie C (3 Personen), Miete 580,— DM.

Im abgelaufenen Jahr entstanden folgende Nebenkosten:

Treppenhausbeleuchtung   143,16 DM
Wasserverbrauch   473,83 DM
Heizungsmaterial   5 867,53 DM

Die Treppenhausbeleuchtung wird auf die Mieter A, B und C im Verhältnis 1 : 2 : 3, der Wasserverbrauch nach der Personenzahl und die Heizungskosten nach der Größe der einzelnen Wohnungen umgelegt. Stellen Sie für jeden Mieter eine aufgegliederte Nebenkostenrechnung auf, und berechnen Sie die Bruttomieten.

Drei Personen, A, B und C, spielen gemeinsam im Mittwochslotto. A zahlt **15**
wöchentlich die Hälfte, B ein Drittel und C den Rest der Tippgebühren. Wie sollte ein Gewinn im 2. Rang in Höhe von 82 512,— DM aufgeteilt werden?

5. Abschnitt: Rechnen mit ausländischen Geldsorten

Als Gegenwert für Lieferungen und Leistungen, die über die nationalen Landesgrenzen geflossen sind, verfügen Inländer über ausländische Zahlungsmittel und Ausländer über DM.

Alle ausländischen Zahlungsmittel im weiteren Sinne heißen *Devisen.* Dazu gehören Guthaben bei ausländischen Banken, über die man durch Überweisungen verfügen kann, sowie Schecks und Wechsel, die auf ausländische Währungen lauten und im Ausland fällig sind.

Wie sie abgerechnet werden und welche Gebühren dabei zu berechnen sind, wird in einem besonderen Kapitel im 2. Teil behandelt (vgl. 14. Abschnitt). **Ausländisches Bargeld (Banknoten und Münzen) nennt man Sorten.**

Wer mit dem Ausland in Geschäftsverbindung steht (Exporteure, Importeure, Banken usw.), muß in der Lage sein, ausländische Zahlungsmittel in DM umzurechnen bzw. den Gegenwert eines DM-Betrages in jeder beliebigen anderen Währung festzustellen. Dazu benötigt er ein Umrechnungsverhältnis, das man **Kurs** nennt. Es **ist normalerweise der Preis für 100 Einheiten ausländischer Währung, ausgedrückt in heimischer Währung,** also der Betrag in Inlandswährung, den man für 100 Einheiten ausländischer Währung beim Kauf zu zahlen hat bzw. beim Verkauf erzielen kann. Wird z. B. in Frankfurt (Main) als Kurs „Wien 13,66" notiert, dann heißt das, daß für 100 österreichische Schillinge (öS) z. Z. 13,66 DM gezahlt werden. Bei wenigen Währungen mit besonders großer Währungseinheit (z. B. US-Dollar, can. Dollar, Pfund Sterling) ist der Kurs der Preis für 1 Einheit. So bedeutet die Züricher Notierung „New York 1,65", daß zu diesem Zeitpunkt in der Schweiz für 1 US-Dollar 1,65 Franken gezahlt werden. Eine Ausnahme bildet ferner die italienische Währung, deren Einheit besonders klein ist. Der Kurs wird daher in der Regel für 1 000 Lire angegeben.

In Ländern mit Devisenzwangswirtschaft wird der Kurs vom Staat festgesetzt.

Wenn Inländer und Ausländer über Devisen frei verfügen dürfen, bilden sich die Kurse nach Angebot und Nachfrage an den Devisenbörsen. Je nach Marktlage schwanken sie nach oben oder unten, sie floaten.

Um die damit verbundenen Kalkulationsrisiken für Importeure und Exporteure zu vermindern, haben sich die EU-Länder zum Europäischen Währungssystem (EWS) zusammengeschlossen. Sie haben die Kurse ihrer Währungen untereinander festgelegt (Leitkurse) und lassen Wechselkursschwankungen ihrer Währungen untereinander nur in sehr engen Grenzen, den sog. Bandbreiten, zu, während sie gegenüber Drittländern floaten. Droht ein Kurs aus der Bandbreite ($\pm$ 2,5 % vom Leitkurs) auszubrechen, dann treten die Notenbanken der beteiligten Länder als Käufer bzw. Verkäufer an den Devisenbörsen auf, um den Kurs zu „stützen".

Neben den an den Devisenbörsen festgestellten Devisenkursen, bei denen man Ankaufs-, Verkaufs- und Mittelkurse unterscheidet, werden noch besondere Kurse für den Handel mit Bargeld (Sortenkurse) festgesetzt.

510136

Übersicht über wichtige Währungen der Welt[1]

Land	Währungseinheit	Unterteilung	Kurs am ... Ankauf	Kurs am ... Verkauf
Belgien	Belg. Franc (bfr)	100 Centimes	4,811	4,831
Dänemark	Dän. Krone (dkr)	100 Öre	26,53	26,65
Finnland	Finnmark (Fmk)	100 Penni	31,72	31,92
Frankreich	Franz. Franc (FF)	100 Centimes	29,84	30,00
Griechenland	Drachme (Dr)	100 Lepta	1,10	1,65
Großbritannien	Pfund Sterling (£)	100 New Pence	2,431	2,445
Italien	Ital. Lira (Lit)	100 Centesimi	1,1645	1,1745
Japan	Yen (¥)	100 Sen	1,2545	1,2575
Jugoslawien	Dinar (Din)	100 Para	0,31	0,37
Kanada	Kan. Dollar (can. $)	100 Cents	1,2625	1,2705
Niederlande	Holl. Gulden (hfl)	100 Cents	88,64	88,86
Norwegen	Norw. Krone (nkr)	100 Öre	26,420	26,540
Österreich	Österr. Schilling (öS)	100 Groschen	14,208	14,243
Portugal	Escudo (Esc)	100 Centavos	1,29	1,31
Schweden	Schw. Krone (skr)	100 Öre	26,55	26,71
Schweiz	Schweizer Franken (sfr)	100 Rappen	111,29	111,49
Spanien	Peseta (Pta)	100 Céntimos	1,394	1,404
USA	US-Dollar ($)	100 Cents	1,5907	1,5987

Merke: Die in der Übersicht angegebenen Paritäten und Kurse gelten für 100 ausländische Währungseinheiten mit Ausnahme der Notierungen für Pfund und Dollar, die sich auf 1 Einheit beziehen und der Lira, die für 1 000 Einheiten gelten.

I. Umrechnen von Auslandswährung in DM

Beachte: In der Regel bezieht sich der Kurs auf 100 ausländische Währungseinheiten.

Der DM-Gegenwert läßt sich dann bestimmen, indem man zunächst fragt, wieviel DM für eine Einheit der Auslandswährung zu zahlen sind bzw. erlöst werden können.

Beispiel 1: Berechnen Sie den DM-Gegenwert von 2 150,— sfrs. Kurs 111,49.

Lösung:

$$100 \text{ sfrs} - 111,49 \text{ DM}$$
$$1 \text{ sfr} - 1,1149 \text{ DM}$$
$$2\,150 \text{ sfrs} - ? \text{ DM}$$

$$\frac{111,49 \cdot 2\,150}{100} = 2\,397,04 \text{ DM}$$

Merke: $\dfrac{\text{Auslandswährung} \cdot \text{Kurs}}{100} = \text{DM}$

---

[1] Die Wechselkurse für den Kauf und Verkauf ausländischer Geldsorten unterliegen ständigen Schwankungen, oft in erheblichem Ausmaß. Entnehmen Sie aktuelle Wechselkurse bitte den Kurstabellen der Geldinstitute oder aus der Tagespresse.

Bei $ und £ gilt der Kurs für 1 Einheit.

Beispiel 2: Berechnen Sie den DM-Gegenwert von 436,50 $. Kurs: 1,5987.

Lösung:

$$\begin{aligned} 1 \quad \$ &- 1,5987 \text{ DM} \\ 436,5 \; \$ &- \quad ? \quad \text{ DM} \\ 436,5 \cdot 1,5987 &= \underline{\underline{697,83 \text{ DM}}} \end{aligned}$$

Merke: Für £ und $ gilt: Auslandswährung · Kurs = DM

Bei Lit (ital. Lire) gilt der Kurs für 1 000 Einheiten.

Beispiel 3: Berechnen Sie den DM-Gegenwert von 26 530,— Lit. Kurs: 1,1745.

Lösung:

$$\begin{aligned} 1\,000 \text{ Lit} &- 1,1745 \text{ DM} \\ 26\,530 \text{ Lit} &- \quad ? \quad \text{ DM} \end{aligned} \qquad \frac{1,1745 \cdot 26\,530}{1\,000} = \underline{\underline{31,16 \text{ DM}}}$$

Merke: $\dfrac{\text{Lire-Betrag} \cdot \text{Kurs}}{1\,000} = \text{DM}$

Beachte: Sämtliche Dezimalstellen des Kurses werden mitgerechnet. Nur das Ergebnis wird aufgerundet. Stets durch Überschlag prüfen!

---

1 * Am Schalter einer Bank werden in DM umgerechnet:

a) $ 20,—; 50,—; 110,—; 25,—; 1 000,—; 40,—; Kurs 1,5975

b) hfl 50,—; 10,—; 30,—; 98,—; 15,—; 90,—; Kurs 89,75

c) sfrs 20,—; 300,—; 125,—; 90,—; 30,—; 500,—; Kurs 111,45

d) Pta 8,—; 200,—; 75,—; 105,—; 30,—; 2 500,—; Kurs 1,398

e) nkr 10,—; 25,—; 150,—; 75,—; 20,—; 500,—; Kurs 26,55

f) £ 2,—; 10,—; 100,—; 20,—; 5,—; 15,—; Kurs 2,445

2 Rechnen Sie auch folgende Rechnungsbeträge in DM um:

a) nkr 4 150,— (725,—) zum Kurs von 26,30 (26,42)

b) $ 8 426,50 (627,40) zum Kurs von 1,53 (1,64)

c) öS 5 100,— (7 300,—) zum Kurs von 14,208 (14,243)

d) Lit 12 840,— (3 126,50) zum Kurs von 1,1642 (1,1735)

e) $ 84,50 (385,20) zum Kurs von 1,6575 (1,6045)

f) bfrs 28 345,— (16 080,—) zum Kurs von 4,811 (4,831)

g) skr 68,30 (107,80) zum Kurs von 26,55 (26,75)

h) hfl 195,20 (6 028,50) zum Kurs von 88,64 (88,86)

i) £ 428,15 (193,78) zum Kurs von 2,435 (2,448)

3 Ein Großhändler in Frankfurt (Main) bezieht aus London 500 Packungen Damen-Feinstrumpfhosen, 15 Paar je Packung zu 6 130,20 £. Berechnen Sie den Preis je Paar in DM (Kurs 2,445).

510138

Die Deutsche Bank AG kauft von ihren Kunden (Exportfirmen) Fremdwährungs- **4**
beträge an und schreibt den Gegenwert in DM gut:

a) dkr   5 820,90, Kurs 26,53   e) skr   10 285,—, Kurs   26,705

b) $ 1 118,45, Kurs   1,543   f) Pta   3 153,50, Kurs   1,432

c) hfl   3 228,45, Kurs 88,64   g) öS   1 206,80, Kurs   14,208

d) FF   12 505,50, Kurs 29,84   h) sfrs 35 418,—, Kurs 111,35

Ein Importhaus bezieht aus Manchester 2 500 m Tuch zu 33 621,40 £. Die eng- **5**
lischen Spesen betragen 21,41 £, die deutschen Spesen 482,90 DM. Wie teuer
ist 1 m im Einkauf? (Kurs 2,445)

Für folgende Lieferungen aus dem Ausland sind die Rechnungsbeträge in DM **6**
umzurechnen:

a) 675 kg Patna-Reis zu 89,— hfl für 100 kg brutto/netto, Kurs 88,75.

b) 62 Sack Rohkaffee, brutto 3 751 kg, Tara ½ kg je Sack zu 5,38 $ je kg,
   Kurs 1,6245.

c) 2 000 Kartons zu je 36 Dosen, Nr. 2, Ananas-Konserven zum Preis von 18,50 $
   für 1 Karton CIF[1] Hamburg, Kurs 1,6575.

Eine japanische Firma bietet Radiorecorder zu 18 250,— Yen pro Stück frei Frank- **7**
furt (Main) an. Welchem Preis in DM entspricht das? Kurs 1,288.

Ein Importeur bezieht aus England 20 Ballen Baumwolle, brutto 480 lb.[2], Tara **8**
15 lb. je Ballen, zu 0,1096 £ für 1 lb. FOB[3] London. Rechnen Sie den Rechnungsbetrag in DM um (Kurs 2,431).

Ein Juwelier erhält folgende Angebote aus dem Ausland: **9**

a) aus Japan: Zuchtperlenkette mit 14karätigem Schmuckverschluß zu
   24 290,— Yen;

b) aus der Schweiz: Damenarmbanduhr mit Schmuckband, Gehäuse und Band
   echt Gold, 17 Steine, zu 249,— sfrs.

Berechnen Sie die Angebotspreise in DM. (Kurse: ¥ 1,2545; sfrs 111,37)

Folgende Spirituosen kosten im Herstellerland: **10**

Cognac „Fine Champagne" .... FF   49,50

Dry Gin .... £   5,95

Sliwowitz (5 Jahre alt) .... Dinar 2 950,—

Rechnen Sie diese Preise in DM um. (Kurse: FF 29,88; £ 2,445; Dinar 0,35)

---

1 CIF = Cost, Insurance, Freight
2 1 lb. = 1 pound (lb. von libra = Pfund) = 453,6 g
3 FOB = Free On Board = frei an Bord

II. Umrechnen von DM in Auslandswährung

Beispiel 1: Wieviel skr bekommt man für 1 500,— DM? Kurs: 26,554.

Lösung:

$$26,554 \text{ DM} - 100 \quad \text{skr}$$

$$1,— \quad \text{DM} - \frac{100}{26,554} \quad \text{skr}$$

$$1\,500,— \quad \text{DM} - \quad ? \quad \text{skr}$$

$$\frac{100 \cdot 1\,500}{26,554} = \underline{\underline{5\,648,87 \text{ skr}}}$$

Merke: $\dfrac{\text{DM} \cdot 100}{\text{Kurs}} = \text{Auslandswährung}$

Beispiel 2: Wieviel £ bekommt man für 1 500,— DM? Kurs: 2,431.

Lösung:

$$2,431 \text{ DM} - 1 \text{ £}$$
$$1\,500,— \quad \text{DM} - ? \text{ £} \qquad\qquad 1\,500,— \quad \text{DM} = \underline{\underline{617,03 \text{ £}}}$$
$$1\,500 \qquad : 2,431 =$$
$$1\,500\,000 \quad : 2\,431 = 617,03$$

Merke: Für £ und $ gilt: $\dfrac{\text{DM}}{\text{Kurs}} = \text{Auslandswährung}$

Beispiel 3: Wieviel italienische Lire sind 1 500,— DM? Kurs: 1,1645.

Lösung:

$$1,1645 \text{ DM} - 1\,000 \text{ Lit} \qquad \frac{1\,000 \cdot 1\,500}{1,1645} = \underline{\underline{1\,288\,106,50 \text{ Lit}}}$$
$$1\,500,— \quad \text{DM} - \quad ? \quad \text{Lit}$$

Merke: $\dfrac{\text{DM-Betrag} \cdot 1\,000}{\text{Kurs}} = \text{Lire-Betrag}$

Beachte: Auch bei der Umrechnung von DM in Auslandswährung werden sämtliche Dezimalstellen des Kurses mitgerechnet. Nur das Ergebnis wird gerundet. Stets durch Überschlag prüfen!

---

1 Ein Exporthaus macht ausländischen Kunden Angebote in ihrer Landeswährung und rechnet daher DM-Preise in ausländische Währung um:

a) 2 860,— DM (340,— DM) in $; Kurs 1,605 (1,623)

b) 506,— DM (1 086,— DM) in hfl; Kurs 88,64 (88,86)

c) 15 300,— DM (915,— DM) in dkr; Kurs 26,53 (26,65)

d) 4 175,80 DM (682,50 DM) in FF; Kurs 29,88 (30,—)

e) 92,75 DM (3 403,75 DM) in nkr; Kurs 26,420 (26,540)

f) 7 308,— DM (883,50 DM) in öS; Kurs 14,208 (14,243)

g) 34 618,— DM (5 150,— DM) in sfrs; Kurs 110,85 (111,75)

h) 435,20 DM (7 351,10 DM) in £; Kurs 2,438 (2,455)

i) 80,— DM (514,25 DM) in ¥; Kurs 1,285 (1,288)

510140

Ein Vertreter der Firma M. beschafft sich für eine Geschäftsreise in die Schweiz **2** bei einer Bank für 1 500,— DM sfr-Reiseschecks (kleinste Stücke = 50 sfrs) und 100 sfrs in Noten. Welchen Betrag erhält er in Reiseschecks, wenn die Bank die Noten zum Kurs 111,79 und die Reiseschecks zu 111,39 abrechnet und 13,60 DM Gebühren berechnet?

Eine Kamera kostet in der Bundesrepublik Deutschland 195,— DM. In Italien **3** kostet der gleiche Apparat 185 450,— Lire, in England 91,20 £. Wieviel DM würde man beim Kauf in der Bundesrepublik Deutschland sparen (Kurs für £ 2,45, für Lire 1,175)?

Ein 14-kW-Traktor kostet ab Werk 12 400,— DM. Ermitteln Sie die Angebots- **4** preise für England, Italien, Dänemark, Vereinigte Staaten (Kurse: 2,441; 1,165; 26,55; 1,5978).

Ein Exporteur macht Kunden in England Angebote in ihrer Währung und rechnet **5** zu diesem Zweck DM-Preise in englische Währung um.

a) 62,50 DM zu 2,325 c) 1 260,— DM zu 2,385
b) 442,60 DM zu 2,501 d) 2 000,— DM zu 2,442

Ein Tourist aus Norwegen sieht im Schaufenster eines deutschen Geschäftes eine **6** Herrentasche, die ihm besonders gut gefällt und die mit 59,50 DM ausgezeich- net ist. Wieviel nkr müßte er für den Kauf der Tasche aufwenden? Kurs: 26,525.

Ein Reisebüro bietet eine Afrika-Safari zum Inklusivpreis („alles inbegriffen") von **7** 1 998,— DM ab Frankfurt (Main) an. Wiederholen Sie dieses Angebot zu Werbe- zwecken in allen Währungen der EU-Länder, ferner in schweizerischer und amerikanischer Währung. Verwenden Sie dabei die Mittelkurse der Übersicht auf Seite 37.

Dem Reisenden der Maschinenfabrik Wenck in Darmstadt werden für einen **8** längeren Aufenthalt in England 2 000,— DM zur Verfügung gestellt, die er bei seiner Bank in £ umwechselt (Kurs 2,554). Wieviel Tage kann er mit diesem Betrag auskommen, wenn an Tagesspesen 8,75 £ festgesetzt sind?

Ein Geschäftsmann aus Belgien interessiert sich für ein Fertighaus, das in der **9** Bundesrepublik Deutschland hergestellt und zu 99 500,— DM angeboten wird. Wieviel belgische Franc müßte er aufwenden, wenn in dem garantierten Fest- preis Transportkosten, Montagekosten, Übernachtungskosten der Monteure und Umsatzsteuer enthalten sind? Kurs: 4,818.

Ein Aussteller bietet auf der Frankfurter Frühjahrsmesse an: **10**

Flugkoffer aus Helia .... 139,— DM
Reisekoffer aus Nylon .... 179,— DM
Kleidersack, gefüttert .... 69,— DM

Rechnen Sie diese Preise für einen Einkäufer aus Schweden in skr (Kurs 26,62) und für einen Interessenten aus Kanada in can. $ (Kurs 1,345) um.

III. Vermischte Aufgaben zum Währungsrechnen

1 Eine Maschinenfabrik berechnet die Seefracht für 2 Kisten Maschinenteile, die nach Buenos Aires versandt werden sollen. Die Kisten haben die Maße:

$$128 \text{ cm} \times 164 \text{ cm} \times 156 \text{ cm} \quad \text{und} \quad 342 \text{ cm} \times 294 \text{ cm} \times 132 \text{ cm}.$$

Der Frachtsatz beträgt 17,50 £ für 1 m³. Wieviel macht die Fracht a) in £, b) in DM aus? Kurs: 2,425.

2 Ein Hotel in Bled (Slowenien) bietet an: „Vollpension in der Hauptsaison pro Person 13 500,— Dinar". Wieviel DM würde der Urlaub einer dreiköpfigen Familie in diesem Hotel pro Tag kosten? Kurs: 0,365.

3 Ein Unternehmen der japanischen optischen Industrie bietet ein Forschungs-mikroskop mit Zubehör für 27 950,— Yen frei Frankfurt (Main) an. Ein deutsches Konkurrenzunternehmen liefert ein gleichwertiges Gerät für 359,— DM ein-schließlich Umsatzsteuer. Welches Angebot ist günstiger? Kurs: 1,2565.

4 Ein Engländer, der sich 4 Tage in der Bundesrepublik Deutschland aufhält, ver-fügt über 250,— £, die er bei einer Bank in Ffm. in DM umwechselt (Kurs 2,431). Er gibt 582,25 DM aus. Am Tage seiner Rückreise tauscht er die ihm verbliebenen DM in £ um (Kurs 2,445). Wieviel £ erhält er?

5 Ein deutscher Feriengast, der sich in den Niederlanden aufhält, will seine Bar-geldbestände in hfl ergänzen. Mit Hilfe seiner Scheckkarte läßt er sich bei einer Bank in Den Haag 400,— DM in holländischer Währung auszahlen. Wieviel holländische Gulden erhält er, wenn folgende Notierung der Amsterdamer Devisenbörse zugrunde gelegt wird: „Deutsche Mark 112,55"?

6 Ein deutsches Versandhaus bietet an: „Stereo-Verstärker 50 W mit Schiebe-regler und Normanschlüssen für Tonband, Plattenspieler und 2 Stereo-Laut-sprecherboxen, komplett 275,— DM". Ein französischer Interessent möchte diese Leistung mit den Angeboten der französischen Industrie vergleichen. Welchem Preis in FF entspricht dieses Angebot, wenn Paris notiert: „Deutsche Mark 327,85"?

7 Am Ende ihres Urlaubs rechnet eine deutsche Familie in einem österreichischen Hotel ab. Die Rechnung lautet über 6 438,— öS, die Anzahlung betrug 3 000,— öS. Die Familie zahlt 2 500,— öS und den Rest in DM. Kurs: „Deutsche Mark 704,23".

8 Ein Einkäufer aus Dänemark bestellt auf der Offenbacher Lederwarenmesse:

15 Geldbörsen aus Vollrindleder	zu 47,50 DM/Stück
20 Herren-Handgelenktaschen	zu 79,50 DM/Stück
25 Aktenkoffer aus Nappaleder	zu 139,— DM/Stück
10 Herren-Umhängetaschen	zu 99,— DM/Stück

Ermitteln Sie den Rechnungsbetrag in DM und dkr (Kurs 26,58).

510142

Ein deutscher Tourist kauft in den Niederlanden eine original holländische Wand-**9**
uhr in Messing-Holz-Verarbeitung für 295,— hfl. Nach seiner Rückkehr entdeckt
er die gleiche Uhr im Katalog eines großen deutschen Versandhauses für
249,— DM. Wieviel DM hätte er beim Kauf in der Bundesrepublik Deutschland
sparen können, wenn er für die Gulden den Kurs 88,70 bezahlt hatte?

Eine österreichische Bank kauft von ihren Kunden Devisen an und schreibt den **10**
Gegenwert in öS gut. Sie verwendet zur Umrechnung die Kurse der Wiener
Devisenbörse.

a) 251,— skr, Kurs „Stockholm 201,41"
b) 10 750,— Esc, Kurs „Lissabon 9,15"
c) 632,80 FF, Kurs „Paris 211,27"
d) 12 500,— nkr, Kurs „Oslo 186,48"
e) 412,50 £, Kurs „London 21,09"

Ein schwedischer Küchenhersteller bittet einen deutschen Elektrokonzern um ein **11**
Angebot von Einbau-Küchengeräten. Rechnen Sie zu diesem Zweck die folgenden
Preise in skr um (Kurs 26,63):

a) Einbauherd mit Schaltuhr, Infrarotgrill und Drehspieß .... 698,— DM
b) Keramik-Kochfeld, passend zu a) .... 598,— DM
c) Einbaukühlschrank mit Gefrierteil .... 575,— DM
d) Geschirrspül-Vollautomat .... 848,— DM

Ein Schweizer Geschäftsmann rechnet die Verkaufspreise einiger Artikel seines **12**
Sortiments in DM um und verwendet dabei die Züricher Notierung „Deutsche
Mark 82,79". Wieviel DM kosten dann

eine modische Damen-Spangenuhr .... 88,— sfrs
eine Herren-Quarzuhr mit Datumsanzeige .... 95,— sfrs
eine vergoldete Damen-Armbanduhr .... 105,— sfrs
und eine Damen-Armbanduhr aus Weißgold .... 532,— sfrs?

Ein dänischer Heimwerkermarkt bestellt bei einer deutschen Werkzeugmaschi-**13**
nenfabrik:

  20 Stück Handkreissägen 1 050 W mit Führungsschiene zu 298,50 DM/St.
100 Stück Einhandwinkelschleifer 550 W zu 119,90 DM/St.
  50 Stück Tischbohrmaschinen mit 3–16 mm Zahnkranzbohrfutter
zu 479,— DM/St.
250 Stück Akku-Bohrschrauber mit NC-Zellen und Ladegerät zu 98,90 DM/St.
120 Stück Schlagbohrmaschinen 650 W mit Regelelektronik zu 149,— DM/St.

Stellen Sie die Rechnung in dkr aus, und verwenden Sie die Notierung der Frankfurter Börse „Kopenhagen 26,58".

Ein belgischer Tourist sieht in einem deutschen Kaufhaus einen deutschen **14**
Marken-Heimtrainer für 398,— DM. Zu Hause hat er für das gleiche Modell
9 230,— bfrs bezahlt. Wieviel bfrs hätte er beim direkten Einkauf in der Bundesrepublik Deutschland sparen können? (Kurs „Brüssel 4,821")

6. Abschnitt:
Rechnen mit nichtdezimalen Maßen und Gewichten

Inzwischen ist in fast allen Ländern der Welt das metrische System gesetzlich eingeführt. Obwohl mit Wirkung vom 01.10.1995 auch England auf metrische Maße und Gewichte umgestellt hat, gelten hier für eine gewisse Übergangzeit auch noch die alten nichtdezimalen Maße und Gewichte, die nach wie vor in den USA verwendet werden. Für deutsche Außenhandelskaufleute sind vor allen die folgenden wichtig.

I. Rechnen mit nichtdezimalen Gewichten

Englische Gewichte

1 ton (long ton) entspricht dem Sinne nach einer Tonne. Sie wird in 20 hundredweights oder centweights eingeteilt, das bedeutet „Hundertgewicht" oder Zentner; die Abkürzung ist: cwt.

1 centweight hat 4 quarters, das bedeutet Viertel; die Abkürzung ist qr.

1 quarter hat 28 pounds, dem Sinne nach Pfund (= Gewichtspfund), die Abkürzung ist lb. (vom altrömischen Pfund, libra). 1 pound wird eingeteilt in 16 ounces, das sind Unzen; die Abkürzung ist oz.

Merke:	1 ton = 20 cwts.	1 ton = 1 016 kg
	1 cwt. = 4 qrs.	1 cwt. = 50,8 kg
	1 qr. = 28 lbs.	1 lb. = 0,4536 kg
	1 lb. = 16 ozs.	1 oz. = 28,35 g

Amerikanische Gewichte

Sie sind im allgemeinen die gleichen wie die englischen. Beachten Sie jedoch folgende Abweichungen:

1 cwt. = **100 lbs.** (nicht 112!)   daher ist: 1 cwt. = 45,359 kg (nicht 50,8!)
1 qr. = **25 lbs.** (nicht 28!)   aber: 1 lb. = 0,4536 kg

Beachten Sie die Schreibweise: tons 4.16.2.25 = 4 tons, 16 cwts., 2 qrs., 25 lbs.
　　　　　　　　　　　　　　　cwts. 12.1.20 = 　　　12 cwts., 1 qr., 20 lbs.

Beispiel 1: Verwandeln Sie cwts. 6.2.14 in engl. lbs.

$$6 \cdot 112 = 672$$
$$2 \cdot 28 = 56$$
$$+ \ 14$$
$$\overline{742 \text{ lbs.}}$$

Beispiel 2: Verwandeln Sie 742 engl. lbs. in cwts. und qrs.

$$742 : 112 = 6$$
Rest　70 : 28 = 2
Rest　14　　　　　= cwts. 6.2.14

44

Beispiel 3: Verwandeln Sie engl. cwts. 6.2.14 in cwts.-Dezimalen.

$$14 : 28 = 0,5 \text{ qrs.}$$
$$\underline{+ 2,0 \text{ qrs.}}$$
$$2,5 \text{ qrs.} : 4 = 0,625 \text{ cwts.}$$
$$\underline{+ 6,000 \text{ cwts.}}$$
$$\underline{6,625 \text{ cwts.}}$$

Beispiel 4: Rechnen Sie engl. cwts. 6.2.14 in kg um.

a) cwts. 6.2.14 = cwts. 6.625; 6,625 · 50,8 = 336,550 kg

b)
$$\begin{aligned} 6 \cdot 50,8 &= 304,800 \\ 2 \cdot 12,7 &= 25,400 \\ 14 \cdot 0,4536 &= \underline{6,350} \\ &\underline{336,550 \text{ kg}} \end{aligned}$$

Beispiel 5: Rechnen Sie 336.550 kg in engl. cwts. um.

$$\begin{aligned} 336,550 : 50,8 &= 6,625 \text{ cwts.} \\ 6,625 &= 6 \quad \text{cwts.} \\ 0,625 \cdot 4 &= 2,500 = 2 \text{ qrs.} \\ 0,5 \cdot 28 &= 14,0 = 14 \text{ lbs.} = \text{cwts. 6.2.14} \end{aligned}$$

---

1 Addieren Sie die Einzelgewichte, und wandeln Sie dann das Gesamtgewicht in engl. lbs. um:

a) tons 16. 3. 1.12
tons 2.10.——. 9
tons 8.12. 3.11

b) cwts. 28. 2.18
cwts. 7.——.14
cwts. 12. 1. 8

c) cwts. ——.1.26
cwts 8.3.——
cwts. 19.2.16

---

2 Verwandeln Sie die Einzelgewichte und dann das Gesamtgewicht in engl. tons, cwts. und qrs.:

a) 25 000 lbs.
3 000 lbs.

b) 2 640 lbs.
1 350 lbs.

c) 12 300 lbs.
164 lbs.

d) 48 000 lbs.
16 021 lbs.

---

3 Addieren Sie die Einzelgewichte, und verwandeln Sie dann das Gesamtgewicht in engl. cwts.-Dezimalen.

a) cwts. 12. 1.21
cwts. ——. 3. 6
cwts. 8.——.14

b) cwts 2.2.20
cwts. 10.3. 6
cwts. 7.1.——

c) cwts. 1.3.16
cwts. 1.2. 9
cwts. 18.2.17

d) cwts. 26.3.21
cwts. 12.2.15
cwts. 22.3.19

---

4 Ein Importeur erhält Warensendungen aus England, deren Gewichte in kg umzurechnen sind:

a) cwts. 15.3.14
b) cwts. 25.1. 8

c) cwts. ——.3.26
d) cwts. 10.2.10

e) cwts. 8.——.16
f) cwts. 25. 3.14

g) 251 lbs.
h) 63 lbs.

---

5 Wenn solche Umrechnungen häufiger vorkommen (in Import- und Exporthäusern), empfiehlt es sich, eine Tabelle aufzustellen, aus der die lbs. als Dezimalen von cwt. abgelesen werden können. Stellen Sie eine solche Tabelle auf, und benutzen Sie sie bei Lösung der Aufgaben 3, 4 und 7.

---

6 Ermitteln Sie den Rechnungsbetrag in £ für:

a) 100 lbs. zu 0,13 £ für 1 lb.
   80 lbs. zu 0,17 £ für 1 lb.

c) cwts. 12.2.14 zu 2,07 £ für 1 cwt.
   cwts. 31.1. 7 zu 1,19 £ für 1 cwt.

b) cwts. 2.2.8 zu 1,53 £ für 1 cwt.
   cwts. 6.3.5 zu 0,53 £ für 1 cwt.

d) cwts. 82.3.17 zu 0,24 £ für 1 lb.
   cwts. 75.2.25 zu 0,16 £ für 1 lb.

7 Aufgrund der folgenden Angaben (Rechnungen aus England) sind zu berechnen: das Gesamtgewicht in kg, der Gesamtbetrag in DM (Kurs 2,415) und der Preis in DM für 1 kg.

a) cwts. 6.2.— zu 30,75 £ für 1 cwt.

c) 100 lbs. zu 0,41 £ für 1 lb.

b) cwts. 3.3.20 zu 35,11 £ für 1 cwt.

d) 68 lbs. zu 0,51 £ für 1 lb.

8 Aus Liverpool trifft eine Warensendung im Gewicht von cwts. 5.2.— ein. Der Preis ist 25,50 £ für 1 cwt. Berechnen Sie das Gesamtgewicht in kg und den Preis in DM für $\frac{1}{2}$ kg bei einem Kurs von 2,435.

9 Ein Hamburger Importeur bezieht 140 Sack Bohnen. Die cwts. 137.2.16 kosten 1 012,50 £. Ermitteln Sie den Preis für: a) 1 cwt. in £, b) 1 lb. in £, c) $\frac{1}{2}$ kg netto in DM (Kurs 2,553).

10 Eine Rechnung aus England ist über 146 lbs. ausgestellt. Der Preis beträgt 0,63 £ je 1 lb. Berechnen Sie:

a) den Rechnungsbetrag in £;

b) den Gegenwert in DM, mit dem die deutsche Bank das Konto ihres Kunden bei einem Umrechnungskurs von 2,445 für die Überweisung des £-Betrages belastet;

c) den Verkaufspreis in DM für 1 kg, wenn der deutsche Kaufmann beim Verkauf mit einem Zuschlag von 50 % rechnet.

11 Aus Chicago wird eine Ware im Gesamtgewicht von tons 3.15.— zum Preis von 36 $ für 1 cwt. bezogen. Berechnen Sie:

a) das Gesamtgewicht in kg und den Gesamtpreis in DM bei einem Kurs von 1,5955 für 1 $;

b) den Preis in DM für 125 g.

12 Von Colombo werden CIF Hamburg 10 Kisten Ceylon-Tee bezogen. Bruttogewicht 1 170 lbs., Tara je Kiste = 15 lbs. Der Preis ist 1,78 £ für 1 lb.

a) Wie hoch ist das Nettogewicht in kg?

b) Berechnen Sie den Gesamtpreis der Sendung bei einem Kurs von 2,482.

13 Ein Exporteur verschickt eine Sendung im Gewicht von 12 420 kg netto zum Preis von 3,95 DM/kg nach den USA. Berechnen Sie

a) das Nettogewicht in tons, cwts., qrs. und lbs.

b) den Rechnungsbetrag für die Sendung (ohne Bezugskosten) in $ zum Kurs von 1,505.

510146

II. Rechnen mit nichtdezimalen Längenmaßen

In den **USA** gelten die gleichen Längenmaße wie in **England**:

1 yard (yd.) entspricht etwa dem deutschen Metermaß, es bedeutet eigentlich „Stab". 1 yard wird eingeteilt in 3 feet (ft.), d. h. „Fuß". 1 foot (ft.) hat 12 inches (in.), d. h. „Zoll".

Merke:

	1 yard = 0,9144 = rund 91 cm
	oder:
1 yard = 3 feet	**11 m = 12 yards**
1 foot = 12 inches	1 foot = 30,48 cm
	1 inch = 25,4 mm

Beachten Sie die Schreibweise: yds. 6.2.10 = 6 yds., 2 ft., 10 in.

4'06" bedeutet 4 ft., 6 in.

Beispiel 1:
Verwandeln Sie yds. 10.2.6 in inches.

$$10 \cdot 36 = 360$$
$$2 \cdot 12 = 24$$
$$+ 6$$
$$\overline{390 \text{ inches}}$$

Beispiel 2:
Verwandeln Sie 390 inches in yards und feet.

$$390 : 36 = 10$$
Rest $30 : 12 = 2$
Rest $6 = \text{yds. } 10.2.6$

Beispiel 3: Verwandeln Sie yds. 10.2.6 in yds.-Dezimalen.

$$6 : 12 = 0,5$$
$$+ 2,0$$
$$\overline{2,5 : 3 = 0,833}$$
$$10 + 10,000$$
$$\overline{10,833 \text{ yds.}}$$

Beispiel 4:
Rechnen Sie yds. 10.2.6 in m um.

a) $10,833 \cdot 0,9144 - 9,91$ m

b) $10 \cdot 0,9144 = 9,144$
$2 \cdot 0,3048 = 0,609$
$6 \cdot 0,0254 = 0,152$
$\overline{9,905 = 9,91 \text{ m}}$

Beispiel 5:
Rechnen Sie 9.91 m in yds. um.

$9,91 : 0,9144 = 10,838$ yds.
$10,838$ yds. $= 10$ yds.
$0,838 \cdot 3 = 2,514 = 2$ ft.
$0,514 \cdot 12 = 6,168$ in. $= 10.2.6$ yds.

---

1 Addieren Sie die Einzelmaße und verwandeln Sie das Gesamtmaß in inches:

a) yds. 14.2.10   b) yds. 6.—.8   c) yds. 4.2.—   d) yds. 7.1.6
    yds. 8.1. 6   yds. 5. 2.9   yds. —.2. 5   yds. 9.1.7

---

2 Verwandeln Sie die Einzelmaße und das Gesamtmaß in yds. und ft.:

a) 2 100 inches   b) 1 600 inches   c) 40 inches   d) 1520 inches
    380 inches   208 inches   506 inches   64 inches

3 Verwandeln Sie die Einzelmaße und dann das Gesamtmaß in yds.-Dezimalen:

a) yds. 10.2. 8   b) yds. —.1.4   c) yds. 3.2. 1   d) yds. 7.—.5
   yds. 4.2.—   yds. 1.1.5   yds. 7.1.10   yds. 2. 2.8

4 Ein Importeur erhält Warensendungen aus England, deren Maße in m umzurechnen sind:

a) yds. 34.2.10;   b) yds. 28.1.6;   c) yds. 14.2.8;   d) yds. 10.3.10;   e) yds. 7.—.5

5 In einem Exportgeschäft sollen folgende Maßangaben auf englische Maße umgestellt werden:

a) 2 000 m   b) 160 m   c) 814 m   d) 10 m   e) 61 m

6 Ein deutscher Kaufmann bezieht aus England Kammgarnstoffe, und zwar:

a)   300 yds. zu 8,43 £ je 1 yd.   b)   50 yds. zu 2,20 £ je 1 ft.
        40 yds. zu 8,12 £ je 1 yd.   35 yds. zu 2,18 £ je 1 ft.
     20.1.6 yds. zu 6,41 £ je 1 yd.   63.2.10 yds. zu 4,47 £ je 1 yd.

Über welchen £-Betrag lauten die beiden Rechnungen?

7 Aufgrund der folgenden Angaben in Rechnungen englischer Lieferer sind zu berechnen: das Gesamtmaß in m, der Gesamtbetrag in DM (Kurs 2,445) und der Preis in DM für 1 m:

a) yds. 40.2.— zu 4,53 £ je 1 yd.   c) yds. 16.1.— zu 5,03 £ je 1 yd.

b) yds. 550.— zu 4,51 £ je 1 yd.   d) yds. 8.2.10 zu 5,18 £ je 1 yd.

8 Eine Rechnung für Lieferung von Stoffen aus Sheffield ist über yds. 345.—.— ausgestellt. Der Preis beträgt 7,95 £ für 1 yd. Berechnen Sie:

a) den Schuldbetrag an den Lieferer in £;

b) den Gegenwert in DM für den Ausgleich des £-Betrages bei einem Kurs von 2,395;

c) den Preis für 1 m in DM.

9 Aus Manchester werden yds. 242.2.— Stoff zum Preis von 6,85 £ je 1 yd. bezogen. Die Einkaufsspesen betragen 4,15 £. Wieviel kostet 1 m in DM (Kurs 2,448)?

10 Aus London trifft eine Stoffsendung von yds. 18.2.2 ein. Der Preis für 1 yd. ist 6,75 £. Berechnen Sie den Preis in DM für 1 m bei einem Umrechnungskurs von 2,385 für 1 £, und geben Sie die Stoffmenge in m an.

11 Ein Teppichbodenhersteller verschickt im Kundenauftrag nach den USA:

   75 m Velours (200 cm breit) zum Preis von 59,— DM/m.
  135 m Polyamid (300 cm breit) zum Preis von 89,— DM/m.

Rechnen Sie die Einzelmaße und das Gesamtmaß in yds., ft. und in. um, und ermitteln Sie den Gesamtrechnungsbetrag in $ (Kurs 1,582).

510148

III. Rechnen mit nichtdezimalen Raummaßen

In den **USA** gelten die gleichen Bezeichnungen für Raummaße wie in **England** mit gleicher Unterteilung:

Merke: 1 bushel (bu.) = 8 gallons (gall.); 1 gallon = 4 quarts (qts.); 1 quart = 2 pints (pts.); 1 pint = 4 gills.

Schreibweise: 10.4.3 bushels = 10 bushels, 4 gallons, 3 quarts.

Beispiel 1:
10.6.2 bushels in quarts;
$10 \cdot 32 = 320$
$6 \cdot 4 = 24$
$+ 2$
346 quarts

Beispiel 2:
820 pints in bushels, gallons, quarts,
$820 : 64 = 12$
Rest $52 : 8 = 6$
Rest $4 : 2 = 2 = 12.6.2 \text{ bushels}$

Beispiel 3:
12.7.2 bushels in bushels-Dezimalen.
$2 : 4 = 0,5 \text{gallons}$
$7,5 : 8 = 0,9375 \text{ bushels}$
$+ 12 = 12,938 \text{bushels}$

1 bushel = 36,344 l
1 gallon = 4,543 l

Beachte:
a) als Flüssigkeitsmaß:
1 USA-gallon = 3,785 l
b) als Trockenmaß (Getreidemaß):
1 USA-bushel = 35,237 l
1 USA-gallon = 4,405 l

Es gelten insbesondere:
1 bushel Mehl = 196 lbs. = 88,9 kg
1 bushel Weizen = 60 lbs. = 27,2 kg
1 bushel Roggen = 56 lbs. = 25,4 kg
1 bushel Mais = 56 lbs. = 25,4 kg
1 bushel Gerste = 48 lbs. = 21,77 kg

Verwandeln Sie in pints: **1**
a) 26.4.3 bushels b) 12.1.2 bushels c) 17.6.1 bushels d) 7.3.1 gallons

Verwandeln Sie in bushels, gallons und quarts: **2**
a) 2 124 pints b) 542 pints c) 208 pints d) 1 000 pints

Verwandeln Sie in bushels-Dezimalen bzw. in gallons-Dezimalen: **3**
a) 8.6.2 bushels c) 10.7.— bushels e) 5.3.1 gallons g) 7.1.1 gallons
b) 3.5.3 bushels d) 1.1.1 bushels f) ——.2.1 gallons h) 6.3.1 gallons

Ein Importgeschäft erhält eine Warensendung aus Plymouth. Es sind 25.3.— **4** gallons zum Preis von 0,53 £ je 1 gallon. Wie hoch ist der Preis in DM für 1 l bei einem Kurs von 2,4225?

7. Abschnitt: Dreisatzrechnung

I. Einfacher Dreisatz mit geradem Verhältnis

1* a) 3 m kosten .... 9,— DM; wieviel kosten .... 8 m?
    b) 7 m kosten .... 35,— DM; wieviel kosten .... 11 m?

2* a) 5 l kosten .... 8,— DM; wieviel kosten .... 7 l?
    b) 9 l kosten .... 13,50 DM; wieviel kosten .... 4 l?

3* a) 8 kg kosten .... 9,60 DM; wieviel kosten .... $5\frac{1}{2}$ kg?
    b) $2\frac{1}{2}$ kg kosten .... 6,— DM; wieviel kosten .... 25 kg?

4* a) 8 lbs. kosten .... 3,20 £; wieviel kosten .... 32 lbs.?
    b) 12 lbs. kosten .... 4,80 £; wieviel kosten .... 9 lbs.?

5* 1 m Gardinenleiste kostet 14,— DM (15,— DM; 18,90 DM). Wieviel kosten 235 cm, 255 cm, 370 cm, 400 cm, 450 cm, 520 cm und 600 cm?

> *Beachte:* Beim geraden Verhältnis führt eine Zunahme (Abnahme) der einen Größe auch zu einer Zunahme (Abnahme) der anderen Größe.
> Je mehr Meter, desto mehr DM.
> Je weniger Meter, desto weniger DM.

6 Ein Karton mit 12 Gläsern kostet 52,80 DM (66,— DM; 73,80 DM; 96,— DM). Wieviel kosten 2, 3, 4, 5, 7, 8, 9, 10 Stück?

7 Aus 50 kg Zuckerrüben gewinnt man 6,800 kg Zucker. Wieviel gewinnt man aus:
a) 1 112,5 kg,   b) 2 080 kg,   c) 1 275 kg,   d) 1 162,5 kg,
e) 2 135 kg Zuckerrüben?

> **Beispiel:** Die Fracht für eine Sendung von 3 Warenposten im Gewicht von 216 kg beträgt 51,30 DM. Wieviel Fracht entfällt auf einen Warenposten von 80 kg?
>
> Bei 216 kg Gewicht beträgt die Fracht 51,30 DM
> Bei   80 kg Gewicht beträgt die Fracht ?   DM
>
> **1. Satz:** Bei 216 kg Gewicht beträgt die Fracht 51,30 DM
>
> **2. Satz:** Bei   1 kg Gewicht beträgt die Fracht $\dfrac{51,30}{216}$
>
> **3. Satz:** Bei   80 kg Gewicht beträgt die Fracht $\dfrac{51,30 \cdot 80}{216}$ DM = 19,— DM

510150

Vier Warenposten werden gemeinsam bezogen. Das Gesamtgewicht beträgt **8** 460 kg, die Gesamtfracht 80,50 DM. Welcher Frachtanteil entfällt auf einen Warenposten im Gewicht von a) $115\frac{1}{2}$ kg, b) 145 kg?

Wie hoch ist die Seefracht für 18 200 kg Stabeisen von Rotterdam bis Madras, **9** wenn die Fracht für 1 015 kg (1 long ton) 108,95 £ beträgt?

$7\frac{1}{2}$ m Kostümstoff kosten 255,75 DM. Es werden 3 Kostüme zu $2\frac{1}{2}$ m, $2\frac{1}{4}$ m **10** und $2\frac{3}{4}$ m daraus angefertigt. Wieviel DM kostet der Stoff zu jedem der 3 Kostüme?

Ein Kaufmann bezieht in einer Sendung 3 verschiedene Warenposten, und zwar **11** 80 kg zum Rechnungspreis von 144,— DM, 65 kg zu 149,50 DM und 75 kg zu 247,50 DM. Die Bezugskosten (Fracht, Versicherung u. a.) betragen 36,95 DM. Davon sollen 27,05 DM nach dem Wert der Waren und 9,90 DM nach dem Gewicht der Waren umgelegt werden. Wieviel DM entfallen auf jeden einzelnen Warenposten?

Ein Saal ist 42 m lang und $12\frac{1}{2}$ m breit. Der Bodenbelag für den Saal kostet **12** 12 750,— DM. Wie teuer ist der gleiche Bodenbelag für einen Raum, der 12 m lang und $5\frac{1}{2}$ m breit ist?

Um einen Fußboden, der 4,5 m lang und 4,2 m breit ist, mit Fußbodenlack zu **13** streichen, braucht man 2,100 kg Lack. Wieviel kg braucht man im ganzen, wenn noch 2 weitere Böden von 4,75 m Länge und 4,4 m Breite bzw. 6,8 m Länge und 1,4 m Breite gestrichen werden sollen?

$46\frac{1}{2}$ m Tuch kosten 1 720,75 DM. Wieviel kosten $3\frac{3}{4}$ m dieses Tuches? **14**

Eine Kölner Bank wechselte einem Ausländer 70,— $ um und zahlte nach Abzug **15** von 1,40 £ Spesen 38,77 £ aus. Einige Tage später wechselte der Kunde nochmals 50,— $ zum gleichen Kurs. Wieviel £ erhielt er nun bei 1,37 £ Spesen?

Der Vertreter einer Firma erhält für eine Reise in die Schweiz 3 200,— DM, die **16** er in Basel zum Kurs von 112,70 in sfrs umwechselt.

a) Wieviel ganze Tage kommt er mit diesem Betrag aus, wenn er täglich 185,— sfrs benötigt?

b) Wieviel sfrs behält er übrig, und wieviel DM sind das? (Kurs 109,45)

Das Ausheben einer Grube, die 8 m lang, $3\frac{1}{2}$ m breit und 2 m tief ist, verur- **17** sacht 1 252,— DM Kosten, bemessen nach dem Rauminhalt. Wie hoch sind die Kosten für das Ausheben einer Grube im Ausmaß von $4\frac{1}{2}$ x 2 x 3 m? (Die Kalkulationsgrundlagen bleiben dieselben.)

II. Einfacher Dreisatz mit umgekehrtem Verhältnis

Beispiel: 4 Arbeiter führen eine Arbeit gemeinsam in 12 Stunden aus. Wie lange brauchen 6 Arbeiter?

Lösung: 4 Arbeiter – 12 Stunden

6 Arbeiter – ? Stunden

$$\frac{12 \cdot 4}{6} = 8 \text{ Stunden}$$

1* 3 Produktionsautomaten erledigen einen Auftrag in 15 Stunden. Wie lange würden 5 Automaten mit gleicher Leistung dazu benötigen?

2* Zur Durchführung einer Kanalisation benötigt ein Unternehmer bei 5 Arbeitstagen 18 Arbeiter. Die Arbeit soll in 3 Tagen beendet sein. Wieviel Arbeiter muß er noch einstellen?

Beachte: Beim umgekehrten Verhältnis führt eine Zunahme (Abnahme) der einen Größe zu einer Abnahme (Zunahme) der anderen Größe.

Je mehr Arbeiter, desto weniger Zeit.

Je weniger Arbeiter, desto mehr Zeit.

3 Im letzten Jahr reichte ein Heizölvorrat von 6 500 l für die Heizungsperiode von 195 Tagen. Wegen der stärkeren Kälte wurden in diesem Winter durchschnittlich 40 l täglich verbraucht. Wie lange reichte der Vorrat dieses Mal?

4 9 Angestellte erledigen die Inventur eines Warenlagers in 8 Tagen zu je 8 Arbeitsstunden. In welcher Zeit kann die Inventur fertig sein, wenn noch 3 Hilfskräfte hinzugezogen werden?

5 5 Facharbeiter benötigen zur Ausführung eines Großauftrages 16 Arbeitstage. Wie lange brauchen 8 Facharbeiter dazu?

6 Ein Schreibautomat leistet 960 Anschläge pro Minute und schreibt einen Werbebrief in $3\frac{1}{2}$ Minuten. Wie lange würde eine Sekretärin (320 Anschläge/Minute) dafür benötigen?

7 Zu einer Dekoration braucht man 16,5 m Stoff, 90 cm breit. Da der betreffende Stoff in dieser Breite nicht am Lager ist, verwendet man 130 cm breiten Stoff. Wieviel Meter braucht man davon?

8 Wenn man auf einer Buchseite 40 Zeilen unterbringt, benötigt man für das ganze Buch $8\frac{1}{2}$ Bogen. Wieviel Bogen werden gebraucht, wenn auf eine Seite nur 34 Zeilen gehen?

9 Eine $3\frac{1}{2}$-Zimmer-Wohnung soll mit Teppichboden ausgelegt werden. Von einer 300 cm breiten Auslegware in Veloursqualität würde man 26,5 m benötigen. Wieviel m müssen geliefert werden, wenn die ausgewählte Ware nur in 400 cm Breite am Lager ist?

510152

III. Zusammengesetzter Dreisatz

Beispiel: 20 Arbeiter schachten in 7 Tagen bei täglich 8 Stunden Arbeitszeit 350 m³ Erde aus. In welcher Zeit können 16 Arbeiter bei täglich 7 Stunden Arbeitszeit 500 m³ ausschachten?

Lösung: 20 Arbeiter – bei 8 Stunden tägl. – 350 m³ – 7 Tage
16 Arbeiter – bei 7 Stunden tägl. – 500 m³ – ? Tage

$\quad$ 1 Arbeiter – bei 8 Std. – 350 m³ – 7 · 20 Tage

$\quad$ 16 Arbeiter – bei 8 Std. – 350 m³ – $\dfrac{7 \cdot 20}{16}$ Tage

$\quad$ 16 Arbeiter – bei 1 Std. – 350 m³ – $\dfrac{7 \cdot 20 \cdot 8}{16}$ Tage

$\quad$ 16 Arbeiter – bei 7 Std. – 350 m³ – $\dfrac{7 \cdot 20 \cdot 8}{16 \cdot 7}$ Tage

$\quad$ 16 Arbeiter – bei 7 Std. – $\quad$ 1 m³ – $\dfrac{7 \cdot 20 \cdot 8}{16 \cdot 7 \cdot 350}$ Tage

$\quad$ 16 Arbeiter – bei 7 Std. – 500 m³ – $\dfrac{7 \cdot 20 \cdot 8 \cdot 500}{16 \cdot 7 \cdot 350} = \underline{\underline{14\tfrac{2}{7} \text{ Tage}}}$

---

1 25 Arbeiter sind täglich 7 Stunden tätig und stellen ein Sportfeld von 8 000 m² in 32 Tagen fertig. In welcher Zeit können 20 Arbeiter 12 000 m² fertigstellen, wenn sie täglich 8 Stunden arbeiten?

---

2 22 Arbeitern wird bei täglich 8stündiger Arbeitszeit ein Wochenlohn von 14 960,— DM ausgezahlt. Wieviel Wochenlohn erhalten 18 Arbeiter bei gleichem Stundenlohn, wenn sie täglich nur 7 Stunden arbeiten?

---

3 Ein Großraumbüro soll mit quadratischen Teppichfliesen ausgelegt werden. Beim Ausmessen wurde festgestellt, daß 1 080 Stück Fliesen von 33⅓ cm x 33⅓ cm benötigt würden. Jetzt entscheidet sich der Kunde für eine Qualität, die es nur in Fliesen von 40 cm x 40 cm gibt. Wieviel Stück müssen bestellt werden?

---

4 Testarbeiten nach dem Antwortauswahl-Verfahren, die zur Leistungskontrolle angefertigt wurden, werden vom Schulcomputer ausgewertet. Dabei benötigt er für die Korrektur einer Arbeit, an der 26 Schüler teilgenommen haben und bei der 15 Aufgaben gestellt waren, 6½ Minuten. Wie lange „korrigiert" der Computer mit demselben Programm an dem Test einer Jahrgangsstufe, an dem 120 Schüler teilnahmen und bei dem 24 Fragen zu beantworten waren?

---

5 Die Durchführung der Verkabelung einer Straße dauert 4 volle Tage, wenn sechs Arbeiter täglich 8 Stunden arbeiten. Wie lange brauchen 8 Arbeiter bei neunstündiger Arbeitszeit für diese Baumaßnahme?

---

8. Abschnitt: Kettensatz

Beispiel: 1 yard eines bestimmten Stoffes kostet in London 8,65 £. Welchem Preis in DM für 1 m entspricht das bei einem Kurs von 2,435?

Wieviel DM kostet 1 m, wenn 11 m 12 yards entsprechen,

wenn 1 yard 8,65 £ kostet,

wenn 1 £ 2,435 DM entspricht?

Lösung und Begründung:

2,435 DM = 1 £

8,65 £ = 2,435 · 8,65 DM, das ist der Gegenwert von 1 yard;

12 yards = 2,435 · 8,65 · 12 DM, das ist mithin auch der Preis für 11 m;

also kostet 1 m $= \dfrac{2,435 \cdot 8,65 \cdot 12}{11}$ DM = 22,98 DM.

Beachte: für die Ableitung und Ausrechnung des Kettensatzes:

a) **Entwickeln Sie die Kette:**

? DM	1	m
11 m	12	yds.
1 yd.	8,65	£
1 £	2,435	DM

b) **Prüfen Sie die Kette:**

Die Kette beginnt mit der Frage nach der gesuchten Größe (hier: ? DM = 1 m). Jedes linke Glied der folgenden Gleichung muß die gleiche Benennung haben wie das rechte Glied der vorausgehenden Gleichung (m ... m, yard ... yard, £ ... £). Schließlich müssen die erste und die letzte Benennung übereinstimmen (DM ... DM), d. h., die Kette muß geschlossen sein.

c) **Rechnen Sie die Kette aus:**

Ziehen Sie einen Bruchstrich. Schreiben Sie die Zahlen der rechten Glieder in den Zähler, die der linken Glieder in den Nenner, und zwar als Produkte. Dabei kann die häufig vorkommende Zahl „1" weggelassen werden, da sie das Ergebnis nicht beeinflußt.

$$\dfrac{2,435 \cdot 8,65 \cdot 12}{11} = 22,98 \text{ DM für 1 m}$$

Prägen Sie sich den Kettensatz gut ein.

Sie können ihn besonders beim Rechnen im Außenhandelsverkehr (Preisberechnungen, Angebotsvergleiche) vorteilhaft anwenden.

1 Wieviel DM kostet 1 m englischer Stoff, wenn 1 yard zu 15,10 £ angeboten wird bei einem Kurs von 2,45 für 1 £? (Beachten Sie: 11 m = 12 yds.; oder 1 yd. = 0,9144 m).

2 Berechnen Sie den Preis in DM für ½ kg Kaffee, der zu 153,50 £ für 1 centweight (cwt.) bei einem Kurs von 2,505 angeboten wird. (Beachten Sie: 1 cwt. = 50,8 kg oder 97 lbs. = 44 kg.)

3 Wieviel DM kostet 1 m amerikanischer Stoff, wenn 1 yd. zu 16,85 Dollar ($) angeboten wird bei einem Kurs von 1,605 für 1 $?

510154

Berechnen Sie den Preis in DM für 1 kg Rohkaffee, der zu 176,50 $ für 1 cwt. **4** bei einem Kurs von 1,595 angeboten wird. (USA: 1 cwt. = 100 lbs.)

Wir beziehen aus Holland 2 280 kg Kakaopulver im Gesamtbetrag von 10 321,80 **5** hfl. Was kostet 1 kg in DM, wenn uns noch 816,80 DM Bezugsspesen (Fracht und Rollgeld) entstehen? (Kurs 88,76)

Die Seefracht von Hamburg nach Santiago beträgt 145,20 $ für 1 000 kg oder **6** 90,85 $ für 1 m³. Wie hoch sind die Frachtkosten für eine Sendung von 300 kg oder mit einem Raummaß der seemäßigen Verpackung von 1,170 m³? (Kurs 1,498)

In Liverpool kosten 34⅓ yds. 205,— £. Wieviel DM kostet 1 m? (Kurs 2,448) **7**

Aus England werden Strumpfhosen importiert, 10 Paar zu 8,35 £. Was kostet **8** 1 Paar in DM bei einem Tageskurs von 2,435 für 1 £?

Berechnen Sie den Preis in DM für 50 kg Kautschuk, wenn 1 pound (lb.) zu **9** 53 cents (c) bei einem Kurs von 1,654 angeboten wird. (1 lb. = 0,4536 kg; 1 $ = 100 c)

Wir erhalten 3 Angebote für ein gleichwertiges Material, und zwar aus der **10** Bundesrepublik Deutschland, Amerika und England. Die Angebotspreise sind frei Wohnort des Käufers kalkuliert. Die Angebote lauten:

a) aus der Bundesrepublik Deutschland: 1 m zu 10,50 DM;

b) aus Amerika: 1 yd. zu 6,80 $ (Kurs = 1,514);

c) aus England: 1 yd. zu 4,05 £   (Kurs = 2,543).

Vergleichen Sie die Angebote und ermitteln Sie das günstigste.

In einem Angebot aus Glasgow wird 1 lb. zu 3,98 £ angeboten. Welcher Preis **11** ergibt sich für 100 g in DM bei einem Kurs von 2,59 für 1 £?

Welches ist der Gegenwert für 4 000 kg schwedisches Roheisen, wenn der Preis **12** für 100 kg 30,54 skr beträgt und der Kurs 28,72 ist?

Eine Sendung italienisches Olivenöl, brutto 254½ kg und 36¼ kg Tara, kostet **13** 667 820,— Lit. Wieviel DM kosten 50 kg netto? (Kurs 1,1745)

Eine Hamburger Exportfirma fakturiert in £ oder in $. Die ausländischen Kunden **14** zahlen aber in der einheimischen Währung.

a) Eine Firma in Helsinki hat 125,73 £ zu zahlen. Kurs: 100 Finnmark = 40,82 DM; £-Kurs = 2,605.

b) Eine Rechnung für eine Firma in Lissabon lautet über 1 268,25 $. 100 Esc = 1,31 DM; 1 $ = 1,585 DM.

Welche Beträge haben die Importeure in der Währung ihres Landes zu überweisen?

15 Eine Lederwarenfabrik bietet Handtaschen ab Lager zu 152,— DM an. Wie kann diese Tasche nach England angeboten werden? (Kurs 2,48)

16 Ein Exporteur kalkuliert den Preis für 1 m einer Auslegware mit 36,— DM FOB Hamburg. Wie lautet sein Angebot:

a) nach USA in $ für 1 yd. (Kurs 1,658 für 1 $);

b) nach England in £ für 1 yd. (Kurs 2,447 für 1 £)?

17 Ein Kaffee-Angebot lautet:

a) aus London: 1 kg zu 2,75 £, Kurs 2,48 für 1 £;

b) aus Rotterdam: 1 kg zu 7,64 hfl., Kurs 88,82 für 100 hfl.

Welches Angebot ist günstiger?

18 Baumwolle notiert je lb.: in New York: 76,35 c; in Liverpool: 0,84 £. Berechnen Sie jeweils den Preis in DM für 1 kg.
(Kurs für 1 $ 1,56 und für 1 £ 2,61)

19 Ein Kaufmann in Bremen bezieht aus den USA Waren im Wert von 1 256,75 $. Er gibt seiner Filiale in Zürich den Auftrag, diesen Betrag dem Exporteur in sfrs zu überweisen. Mit welchem Betrag belastet ihn Zürich, wenn der Kurs in Zürich für $ 1,52 ist und wenn 100 sfrs = 111,75 DM notieren?

20 Wir beziehen Fleischkonserven (Corned beef) in Dosen mit einem Nettogewicht von 4 lbs. 15 ozs. Die Dose kostet 9,95 $. Wie hoch ist unser Preis für 125 g in DM bei einem Kurs von 1,59, und welches ist das Nettogewicht einer Dose in g?

21 Eine Warenpackung (Büchse) hat ein Nettogewicht von $4\frac{1}{4}$ ozs.
Eine oz. kostet 42 c.

a) Wieviel DM kostet eine Büchse bei einem Kurs von 1,58 DM je $?

b) Wieviel DM kosten 1 000 g der betreffenden Ware?

22 Eine Exportware kostet 640,— DM je 100 kg CIF New York. Wie kann diese Ware in $-Währung für 1 cwt. (Kurs 1,69) angeboten werden?

23 Ein Hamburger Importeur bezieht aus Spanien 15 Faß Olivenöl, netto 1 120 kg zu 2 635 Peseten je 100 kg. Wieviel DM muß er überweisen bei Zahlung innerhalb 10 Tagen mit 2 % Skonto? (100 Peseten = 1,44 DM)

24 354 Fässer mit einem Gewicht von je 48,5 lbs. werden nach Hamburg zu einem Frachtsatz von 2,43 £ für 1 cwt. verschifft. Wie hoch sind die Frachtkosten in DM für 100 kg? (Tageskurs für 1 £ = 2,48)

25 Ein Bremer Tee-Importeur bezieht aus Colombo 10 Kisten Ceylon-Tee, Bruttogewicht 1 170 lbs., Tara 15 lbs. je Kiste, zum Preis von 2 273,30 £. Berechnen Sie den Preis in DM für 1 kg, wenn 1 £ mit 2,435 notiert.

510156

Wir beziehen aus Bristol yds. 150.2.— Stoff zu 13,55 £ für 1 yd. **26**
a) Wieviel DM kostet 1 m bei einem Kurs von 2,445?
b) Wieviel m Stoff sind es?
c) Wieviel DM haben wir für die ganze Sendung zu zahlen?

Eine deutsche Exportfirma bietet einen bestimmten Stoff zu 26,— DM FOB **27**
Hamburg für 1 m an. Wie kann sie diesen Stoff für 1 yd. in englischer Währung
bei einem Umrechnungskurs von 2,49 nach England und in amerikanischer
Währung nach den USA (Kurs 1,618) anbieten?

In London wird Kakao mit 1 382 £ je ton notiert. Welchem Preis in DM für 50 kg **28**
entspricht diese Notierung, wenn 1 £ = 2,493 DM ist?

Eine Importrechnung aus New Orleans ist über 73.2.— yds. ausgestellt. Der **29**
Preis beträgt 960 c je yd. Ermitteln Sie
a) den Rechnungsbetrag in $;
b) den Gegenwert in DM bei einem Kurs von 1,503.

Ein Bremer Kaffee-Importeur bezieht aus London über Le Havre Guatemala- **30**
Kaffee, 1 cwt. für 82,58 £. a) Wieviel FF muß das Bremer Kaffeehaus dem Kommissionär in Le Havre überweisen (ohne Kosten)? b) Wieviel DM sind das?
(1 £ = 9,98 FF; 100 FF = 29,93 DM)

Ein großer amerikanischer Pkw („Straßenkreuzer") hat einen Benzinverbrauch **31**
von 8,75 gallons auf 100 miles. (Beachten Sie, daß hier das Flüssigkeitsmaß
USA-gall. gemeint ist und daß 1 mile = 5 000 feet.)
a) Welchem Verbrauch in l je 100 km entspricht das?
b) Wieviel km kann das Fahrzeug mit einer Tankfüllung von 25 USA-gall. zurück-
   legen?
c) Wie teuer ist eine Tankfüllung an einer deutschen Tankstelle, wenn das be-
   nötigte Superbenzin 1,579 DM je l kostet?
d) Wieviel l faßt der Tank des Fahrzeugs?

Ein Spirituosen-Importeur erhält folgendes Angebot aus den USA: Whisky in **32**
Kartons zu je 6 Flaschen mit je 0,5 gallon Inhalt zum Preis von 159,90 $ je
Karton. Berechnen Sie (Kurs 1,758),
a) den Preis für 20 Kartons in DM   b) den Inhalt einer Flasche in l,
c) den Preis für 0,7 l in DM.

Eine Bank in Salzburg schreibt Kunden für eingereichte Devisen aus Export- **33**
geschäften (ohne Berücksichtigung von Gebühren) gut:

6 875,— sfrs   – 58 317,97 öS   450 000,— Lit – 4 362,50 öS
4 350,— can. $ – 40 834,36 öS   521,— DM – 3 651,80 öS

Berechnen Sie die in Salzburg zugrunde gelegten Kurse der Wiener Börse.

9. Abschnitt: Prozentrechnung

Einführung

Ein Kaufmann verdient an einer Ware, die er zu 600,— DM eingekauft hat, 96,— DM; an einer anderen Ware, eingekauft zu 400,— DM, verdient er 80,— DM. Um festzustellen, an welcher Ware er verhältnismäßig mehr verdient hat, rechnet der Kaufmann aus, wieviel er an je 100,— DM verdient hat.

a) an 600,— DM = 96,— DM
   an 100,— DM = 96 : 6 = 16,— DM;
   also verdient er am Hundert (lat. pro centum) 16, geschrieben 16 %.

b) an 400,— DM = 80,— DM
   an 100,— DM = 80 : 4 = 20,— DM;
   also verdient er am Hundert 20 oder 20 Prozent = 20 %.

Die Rechenart, bei der man berechnet, wieviel auf Hundert entfällt (oder bei der man Gewinn, Verlust, Zins, Rabatt und dergleichen an der Zahl 100 vergleicht), heißt *Prozentrechnung.* (Wählt man statt 100 die Zahl 1 000 als Vergleichszahl, so nennt man die Rechnung *Promillerechnung.)*

Neben der Vergleichszahl 100 kommen bei der Prozentrechnung noch folgende 3 Werte in Betracht:

1. Der **Grundwert** (in der obigen Aufgabe 600,— und 400,— DM);
2. der **Prozentwert** (in der obigen Aufgabe 96,— und 80,— DM);
3. der **Prozentsatz** (in der obigen Aufgabe 16 % und 20 %).

Der Prozentsatz ist die Zahl, die angibt, wieviel von 100 gerechnet wird; er ist stets auf den Grundwert zu beziehen, von dem er einen Bruchteil in Hundertstel angibt. Der Grundwert (das Ganze) sind stets $^{100}/_{100}$ oder 100 %.

Welcher Teil vom Ganzen ist also 1 %?

I. Berechnen des Prozentwertes

Beispiel: Die Frachtkosten einer Sendung machen 2 % des Rechnungsbetrages aus, der 1 560,— DM beträgt. Wie hoch sind sie?

Rechnen Sie: 1 % ($^{1}/_{100}$ des Grundwertes von 1 560,— DM) = 15,60 DM;
2 % = 15,60 DM · 2 = 31,20 DM.

Merke: Prozentwert = $\dfrac{\text{Grundwert}}{100}$ · Prozentsatz

1* Berechnen Sie, von 1 % ausgehend:

a) 2 % (4 %) von   310,—,   450,—,   72,—, 1 230,—,   8,— DM;
b) 5 % (3 %) von 1 480,—,   720,—,   62,—,   185,—, 920,— DM;
c) 8 % (6 %) von   120,—, 1 080,—,   84,—,   242,—, 850,— DM.

510158

a) $\frac{1}{2}$ %, $\frac{1}{3}$ %, $\frac{2}{3}$ %, $\frac{1}{5}$ %, $\frac{4}{5}$ %, $\frac{1}{8}$ %, $\frac{3}{8}$ % von 720,—, 1 240,—, 800,—, **2***
3 000,—, 3 600,—, 4 000,—, 816,—, 2 400,—, 960,— DM;

b) $2\frac{1}{2}$ %, $1\frac{1}{3}$ %, $4\frac{2}{3}$ %, $2\frac{1}{5}$ %, $2\frac{3}{8}$ %, $3\frac{1}{4}$ %, $1\frac{1}{4}$ %, $5\frac{1}{2}$ % von 480,—, 216,—,
2 400,—, 3 000,—, 1 280,—, 960,—, 4 200,— DM.

Berechnen Sie, von 1‰ (1 vom Tausend) ausgehend: **3***

a) 2 ‰ von 2 800,—, 720,—, 18 600,—, 960,—, 90,— DM;

b) $\frac{3}{4}$ ‰ von 8 000,—, 2 800,—, 36 100,—, 32 800,—, 24 200,— DM;

c) $1\frac{1}{2}$ ‰ von 4 000,—, 3 200,—, 640,—, 21 500,—, 48 000,— DM;

Gehen Sie von 1 % aus und berechnen Sie: **4***

a) $2\frac{1}{2}$ %, 5 %, $7\frac{1}{2}$ %, $6\frac{1}{3}$ %, $6\frac{2}{3}$ %, $1\frac{2}{3}$ %, $1\frac{1}{4}$ %, 4 %, $1\frac{1}{2}$ % von 18,—, 168,—,
288,—, 2 400,—, 3 200,—, 960,— DM;

b) 20 %, 40 %, 60 %, 80 %, 70 %, 35 %, 55 %, 42 %, 85 % von 32,—, 152,—,
312,—, 600,—, 2 100,—, 780,—, 4 250,—, 1 200,— DM.

---

a) Wieviel sind 200 %, 500 %, 300 %, 400 %, 120 %, 250 %, 310 % von 104,—, **5***
216,—, 1 080,—, 1 500,—, 2 100,—, 4 200,—, 12 000,— DM?

b) Drücken Sie das 3-, 2-, $2\frac{1}{2}$-, $1\frac{3}{4}$fache des Grundwertes in % aus.

Berechnen Sie den Zieleinkaufspreis (vgl. Kalkulation): **6**

Listeneinkaufspreis	Rabatt	Listeneinkaufspreis	Rabatt
a) 8 112,— DM	13 %	d) 1 631,25 DM	17 %
b) 9 618,30 DM	24 %	e) 3 145,16 £	23 %
c) 4 734,70 DM	14 %	f) 9 218,75 £	32 %

Berechnen Sie das Nettogewicht. **7**

Bruttogewicht	Tara	Bruttogewicht	Tara
a) 2 570,75 kg	6 %	d) 7 208,4 kg	3 %
b) 3 435,5 kg	2 %	e) 3 164,6 kg	4 %
c) 1 415,5 kg	5 %	f) 5 918,8 kg	8 %

Berechnen Sie den Selbstkostenpreis (vgl. Kalkulation): **8**

Bezugspreis		Allgemeine Geschäftskosten	
a) 1 860,— DM	(3 710,— DM)	26 %	(7 %)
b) 2 618,30 DM	(2 240,20 DM)	12 %	(11 %)
c) 945,— DM	(860,70 DM)	15 %	(13 %)
d) 276,80 DM	(1 524,— DM)	29 %	(21 %)
e) 2 106,20 DM	(2 918,20 DM)	18 %	(5 %)
f) 1 420,— DM	(712,50 DM)	22 %	(8 %)
g) 542,— DM	(362,— DM)	13 %	(12 %)
h) 6 245,— DM	(4 138,— DM)	14 %	(15 %)

9 Berechnen Sie den Barverkaufspreis (vgl. Kalkulation):

	Selbstkosten	Gewinn		Selbstkosten	Verlust
a)	192,80 DM	$16\frac{1}{4}\%$	e)	2 175,25 DM	$5\frac{3}{4}\%$
b)	8 240,40 DM	$30\frac{1}{2}\%$	f)	129,80 DM	$12\frac{1}{3}\%$
c)	654,— DM	$21\frac{2}{3}\%$	g)	1 780,45 DM	15 %
d)	813,10 DM	40 %	h)	946,— DM	$8\frac{1}{2}\%$

10* Die Berechnung des Prozentwertes ist viel einfacher, wenn der Prozentsatz eine genaue Teilzahl von 100 ist.

a) Welcher Teil vom Grundwert (100 %) sind:
20 %, 25 %, 50 %, $33\frac{1}{3}\%$, 40 %, $66\frac{2}{3}\%$, 75 %, 80 %?

b) Wieviel vom Hundert sind:
$\frac{1}{2}$, $\frac{1}{3}$, $\frac{1}{4}$, $\frac{1}{5}$, $\frac{1}{10}$, $\frac{1}{6}$, $\frac{1}{8}$, $\frac{1}{25}$, $\frac{1}{50}$, $\frac{1}{75}$, $\frac{1}{80}$ des Grundwertes?

11* Prägen Sie sich die folgende Tabelle, die sogenannten **bequemen Prozentsätze**, auch in der Umkehrung gut ein.

1 % = $\frac{1}{100}$ des Grundwertes	$8\frac{1}{3}\%$ = $\frac{1}{12}$ des Grundwertes
$1\frac{1}{3}\%$ = $\frac{1}{75}$ des Grundwertes	$11\frac{1}{9}\%$ = $\frac{1}{9}$ des Grundwertes
$1\frac{1}{4}\%$ = $\frac{1}{80}$ des Grundwertes	$12\frac{1}{2}\%$ = $\frac{1}{8}$ des Grundwertes
$1\frac{2}{3}\%$ = $\frac{1}{60}$ des Grundwertes	$16\frac{2}{3}\%$ = $\frac{1}{6}$ des Grundwertes
$2\frac{1}{2}\%$ = $\frac{1}{40}$ des Grundwertes	20 % = $\frac{1}{5}$ des Grundwertes
$3\frac{1}{3}\%$ = $\frac{1}{30}$ des Grundwertes	25 % = $\frac{1}{4}$ des Grundwertes
$4\frac{1}{6}\%$ = $\frac{1}{24}$ des Grundwertes	$33\frac{1}{3}\%$ = $\frac{1}{3}$ des Grundwertes
5 % = $\frac{1}{20}$ des Grundwertes	50 % = $\frac{1}{2}$ des Grundwertes
$6\frac{1}{4}\%$ = $\frac{1}{16}$ des Grundwertes	$66\frac{2}{3}\%$ = $\frac{2}{3}$ des Grundwertes
$6\frac{2}{3}\%$ = $\frac{1}{15}$ des Grundwertes	75 % = $\frac{3}{4}$ des Grundwertes

12* Zur Einübung berechnen Sie:

a) die Prozentsätze der 1. Spalte von: 240,—, 600,—, 1 080,— DM;

b) die Prozentsätze der 2. Spalte von: 180,—, 900,—, 1 248,— DM.

13* Wenden Sie die Sätze der Tabelle Nr. 11 an (vgl. Kalkulation):

a) $2\frac{1}{2}\%$ Verpackung, Bruttogewicht 680 kg, Nettogewicht?

b) $8\frac{1}{3}\%$ Verpackung, Bruttogewicht 960 kg, Nettogewicht?

c) $12\frac{1}{2}\%$ Rabatt, Listeneinkaufspreis 64,80 hfl, Zieleinkaufspreis?

d) $16\frac{2}{3}\%$ Rabatt, Listeneinkaufspreis 846,— hfl, Zieleinkaufspreis?

e) $6\frac{1}{4}\%$ Bezugskosten, Bareinkaufspreis 6 400,48 Lit, Bezugspreis?

f) $3\frac{1}{3}\%$ Skonto, Zieleinkaufspreis 360,— DM, Barpreis?

g) $6\frac{2}{3}\%$ Verwaltungskosten, Bezugspreis 900,— DM, Selbstkostenpreis?

h) $33\frac{1}{3}\%$ Gewinn, Selbstkostenpreis 156,— DM, Barverkaufspreis?

510160

Berechnen Sie: **14***

a) $1\frac{1}{4}\%$, $3\frac{1}{3}\%$, 25%, $1\frac{1}{2}\%$, 11%, $16\frac{2}{3}\%$, $8\frac{1}{3}\%$ von 240,— DM, 960,— DM, 56,— DM, 288,— DM, 624,— DM;

b) $33\frac{1}{3}\%$, 15%, 75%, 30%, $1\frac{1}{4}\%$, $12\frac{1}{2}\%$, 20% von 576,— DM, 640,— DM, 720,— DM, 1 920,— DM, 4 800,— DM;

c) $2\frac{1}{2}\%$ Skonto ($33\frac{1}{3}\%$ Rabatt) von 96,— DM, 420,— DM, 721,— DM, 172,— DM, 1 260,— DM, 31,— DM, 1 500,— DM, 948,— DM.

Berechnen Sie **15**

a) $2\frac{1}{2}\%$, $6\frac{2}{3}\%$, $7\frac{1}{2}\%$, $1\frac{1}{4}\%$, $1\frac{2}{3}\%$ Gewichtsschwund beim Lagern von 1 020 (1 440) kg Kartoffeln;

b) 15%, 40%, 60%, 35%, 65%, $42\frac{1}{2}\%$ Gewichtsschwund beim Dörren von 720 (1 260) kg Obst.

Berechnen Sie die Barzahlung. **16**

	Rechnungsbetrag	Skonto		Rechnungsbetrag	Skonto
a)	1 286,40 DM	$2\frac{1}{2}\%$	c)	672,50 DM	$1\frac{1}{4}\%$
b)	3 712,60 DM	$3\frac{1}{3}\%$	d)	284,80 DM	$1\frac{2}{3}\%$

Stellen Sie die Bilanzwerte fest. **17**

	Buchwert	Abschreibung		Buchwert	Abschreibung
a)	7 245,— DM	9%	c)	9 546,30 DM	$33\frac{1}{3}\%$
b)	6 048,— DM	$12\frac{1}{2}\%$	d)	1 488,24 DM	$8\frac{1}{3}\%$

Beachte: Durch geschicktes Zerlegen des Prozentsatzes können Sie die Rechnung vereinfachen:

$$4\frac{1}{2}\% = 5\% - \frac{1}{10} \text{ von } 5\% \qquad 15\ \% = 10\% + \frac{1}{2} \text{ von } 10\%$$
$$7\frac{1}{2}\% = 10\% - \frac{1}{4} \text{ von } 10\% \qquad 4\frac{4}{5}\% = 4\% + \frac{1}{5} \text{ von } 4\%$$
$$2,2\% = 2\% + \frac{1}{10} \text{ von } 2\% \qquad 3\frac{3}{4}\% = 3\% + \frac{1}{4} \text{ von } 3\%$$
$$9\ \% = 10\% - \frac{1}{10} \text{ von } 10\% \qquad 5\frac{1}{2}\% = 5\% + \frac{1}{10} \text{ von } 5\%$$
$$11\ \% = 10\% + \frac{1}{10} \text{ von } 10\% \qquad 18\ \% = 20\% - \frac{1}{10} \text{ von } 20\%$$

Beispiele:

$4\frac{5}{8}\%$ von 480,— DM				$2\frac{3}{4}\%$ von 360,— DM		
4 %	=	19,20 DM		3 %	=	10,80 DM
$\frac{4}{8}\%$	=	2,40 DM		$- \frac{1}{4}\%$	=	0,90 DM
$+ \frac{1}{8}\%$	=	0,60 DM		$2\frac{3}{4}\%$	=	9,90 DM
$4\frac{5}{8}\%$	=	22,20 DM				

$3\frac{3}{5}\%$ von 1 280,— DM			
3 %	=	38,40 DM	
$+ \frac{3}{5}\%$	=	7,68 DM	$= \frac{1}{5}$ von 3%
$3\frac{3}{5}\%$	=	46,08 DM	

Beachte: Deuten Sie durch einen Punkt oben an der Zahl 1% an.

18* Berechnen Sie:

a) $1\frac{1}{2}\%$ von 80,— DM

b) $1\frac{3}{4}\%$ von 300,— DM

c) $5\frac{1}{2}\%$ von 120,— DM

d) $3\frac{1}{2}\%$ von 90,— DM

e) $\frac{5}{8}\%$ von 64,— DM

f) $7\frac{1}{2}\%$ von 200,— DM

g) $2,2\%$ von 96,— DM

h) $5\frac{1}{2}\%$ von 1 200,— DM

i) $3\frac{1}{4}\%$ von 360,— DM

k) $2\frac{2}{5}\%$ von 75,— DM

l) $3\frac{7}{8}\%$ von 4 000,— DM

m) $4\frac{1}{2}\%$ von 720,— DM

n) $2\frac{3}{4}\%$ von 1 240,— DM

o) $\frac{5}{6}\%$ von 300,— DM

p) $3\frac{3}{5}\%$ von 620,— DM

q) $3\frac{5}{6}\%$ von 3 600,— DM

---

19 Berechnen Sie den Bareinkaufspreis:

	Zieleinkaufspreis	Skonto		Zieleinkaufspreis	Skonto
a)	1 632,— DM	$2\frac{1}{2}\%$	c)	2 736,40 DM	$1\frac{3}{4}\%$
b)	675,20 DM	$3\frac{1}{3}\%$	d)	948,30 DM	$2\frac{5}{8}\%$

---

20 Auf den Listeneinkaufspreis wird ein Sonderrabatt gewährt:

	Listenpreis	Sonderrabatt		Listenpreis	Sonderrabatt
a)	1 562,— DM	$5\frac{1}{2}\%$	c)	2 812,20 DM	$7\frac{1}{2}\%$
b)	480,— DM	$3\frac{3}{4}\%$	d)	96,50 DM	$4\frac{1}{2}\%$

---

21 Berechnen Sie die Versicherungsprämie:

	Versicherungssumme			Prämiensatz	
a)	16 400,— DM	(35 000,—,	48 500,—)	$1\frac{1}{2}\,‰$	$(1\frac{3}{4}\,‰)$
b)	9 600,— DM	(10 800,—,	25 000,—)	$3\ ‰$	$(0,5\,‰)$
c)	12 500,— DM	(14 700,—,	22 500,—)	$2\frac{1}{2}\,‰$	$(1\frac{1}{2}\,‰)$
d)	3 600,— DM	(56 400,—,	85 000,—)	$2\frac{3}{4}\,‰$	$(1,25\,‰)$
e)	5 800,— DM	(68 000,—,	12 500,—)	$3\frac{1}{4}\,‰$	$(3\frac{4}{5}\,‰)$
f)	14 200,— DM	(21 500,—,	63 600,—)	$2,2\,‰$	$(2\frac{1}{4}\,‰)$

---

22 Einer Firma liegen mehrere Angebote für eine Anbauküche vor:

1. Angebotspreis 7 860,— DM Zahlung ohne Abzug,
2. Angebotspreis 8 249,— DM mit 5 % Rabatt, sofortige Zahlung,
3. Angebotspreis 8 295,— DM mit 3 % Rabatt und 2 % Skonto.

Welches Angebot ist das vorteilhafteste?

Beachte: Berechnen Sie in den folgenden Aufgaben die Prozentwerte auf die vorteilhafteste Weise.

---

23 Im Sommerschlußverkauf werden die Preise stark herabgesetzt:

Damenmäntel um 15 %; bisherige Preise: 112,80; 96,—; 162,50 DM,
Sporthemden um 29 %; bisherige Preise: 71,40; 48,25; 85,60 DM.

510162

24 Schepeler & Co. mischen 3 Sorten Rohkaffee: 18 kg zu je 16,40 DM, 22 kg zu je 14,20 DM und 12 kg zu je 12,80 DM. Beim Rösten entsteht ein Gewichtsverlust von 18 %. Wie teuer wird $\frac{1}{4}$ kg Röstkaffee, wenn für Röstlohn, Gas und Strom 18,60 DM gerechnet werden?

25
a) Selbstkostenpreis 3 170,60 DM; Gewinn $16\frac{2}{3}$ %; Verkaufspreis?

b) Bezugspreis 2 450,— DM; Geschäftskosten 11 %; Selbstkosten?

c) Listeneinkaufspreis 1 890,— DM; Rabatt $17\frac{1}{2}$ %; Zieleinkaufspreis?

26
a) Rohgewicht 2 546 kg; Verpackung 4,4 %; Reingewicht?

b) Rohkaffee 720 kg; Röstverlust 19 %; Röstkaffee?

27 Ein Vertreter erhält für den Vertrieb von Ware I $3\frac{1}{2}$ %, von Ware II $2\frac{1}{4}$ % und Ware III $6\frac{2}{3}$ % Provision.

Wie hoch ist sein Einkommen im Monat Juli, wenn er von Ware I für 25 126,— DM, von Ware II für 8 713,— DM, von Ware III für 12 631,— DM verkauft und sein Fixum z. Z. 850,— DM beträgt?

28 Ein Kommissionär erhält auf die von ihm vermittelten Aufträge eine Provision; sie wird beim Einkauf zugeschlagen, beim Verkauf vom Verkaufserlös abgezogen.

Stellen Sie die Einkaufsrechnung bzw. die Verkaufsrechnung auf:

a) Einkauf: 3 120,75 DM,   Provision $2\frac{1}{4}$%;

b) Verkauf: 1 820,60 DM,   Provision $3\frac{5}{8}$%;   Delkredereprovision $1\frac{1}{4}$%;

c) Einkauf: 4 188,45 DM,   Provision $4\frac{4}{5}$%.

29 Vom Listenverkaufspreis werden von dem Kunden nacheinander Rabatt und Skonto gekürzt:

Listenverkaufspreis:	1 620,80 DM	2 745,60 DM	874,75 DM
Rabatt:	15 %	25 %	$7\frac{1}{2}$ %
Skonto:	$2\frac{1}{2}$ %	3 %	$1\frac{1}{4}$ %

30 Ein Großhändler bezieht aus Manchester 315.2.— yds. Stoff zu 13,12 £ für 1 yard. Für Einkaufsspesen und Versicherung kalkuliert er mit $6\frac{1}{2}$ %. Berechnen Sie den Preis für 1 m in DM. (Kurs 2,47)

31 Einem Einzelhändler werden Handtücher zu 14,40 DM je Stück mit $2\frac{1}{2}$ % Skonto ab Fabrik angeboten. Eine andere Firma würde die Handtücher zu 92,50 DM je 6er-Packung frei Lager liefern und auf diesen Preis 5 % Rabatt und $2\frac{1}{2}$ % Skonto gewähren. Welches Angebot ist günstiger?

32 Bei der Inventur werden auf die Gegenstände des Anlagevermögens Abschreibungen vorgenommen, und zwar:

auf Gebäude (232 800,— DM) 3 %, auf Fuhrpark (128 410,— DM) $16\frac{2}{3}$ %, auf Geschäftsausstattung (76 200,— DM) 11 %, auf Maschinen (36 112,— DM) $12\frac{1}{2}$ %. Mit welchem Buchwert stehen die Posten jetzt in der Bilanz?

33 Die Gemeinden erheben die Grundsteuer, indem sie den Steuermeßbetrag festsetzen und auf diesen den sogenannten Hebesatz, das ist ein Prozentsatz des Meßbetrages, z. B. 200 %, anwenden.

Berechnen Sie die Grundsteuer, wenn

der Meßbetrag: 191,—, 238,—, 517,—, 846,— DM

der Hebesatz: 255 %, 110 %, 275 %, 325 % ist.

34 Ein Fachgeschäft bezieht 12 Markenfahrräder zum Listeneinkaufspreis von 335,— DM je Stück abzüglich 25 % Wiederverkäuferrabatt. Wie teuer ist die Sendung im Einkauf, wenn der Fahrradhändler noch $2\frac{1}{2}$ % Skonto vom Zieleinkaufspreis abzieht?

35 Ein Kaufhaus setzt die Preise für folgende Geräte zweimal herab:

Geschirrspüler   980,— DM zunächst um 10 %, dann um 5 %;

Elektroherd   870,— DM zunächst um 6 %, dann um 10 %;

Gefrierschrank   820,— DM zunächst um 7 %, dann um $12\frac{1}{2}$ %;

Waschmaschine   1 020,— DM zunächst um 15 %, dann um 6 %.

Wie hoch sind die neuen Preise nach der ersten und nach der zweiten Herabsetzung?

36 Im Ausverkauf kauft Frau M. die folgenden Reste:

	bisheriger Preis	Ermäßigung
0,90 m	19,60 DM	$12\frac{1}{2}$ %
3,20 m	23,70 DM	15 %
$2\frac{3}{4}$ m	16,40 DM	18 %

Stellen Sie den Kassenzettel aus.

37 Ein Sportgeschäft gibt im Sommer einen Sonderrabatt auf Wintersportartikel. Berechnen Sie die Sommerpreise:

Rodelschlitten   Winterpreis 86,90 DM $8\frac{1}{3}$ % Rabatt

Schnallen-Skistiefel   Winterpreis 239,— DM $22\frac{1}{2}$ % Rabatt

Langlaufskier   Winterpreis 185,— DM   15 % Rabatt

II. Berechnen des Prozentsatzes

Beispiel: In einer Sendung von 400 Eiern befinden sich 20 Brucheier. Wieviel vom Hundert (%) machen die Brucheier aus?

1. Lösung: 20 sind von 400 der 20. Teil, also $\frac{1}{20}$ des Grundwertes, das sind 5 %.

2. Lösung: 1 % von 400 = 4. 20 Eier sind soviel mal 1 %, wie 4 in 20 enthalten ist, also 5 mal, d. h. 5 %.

510164

Wieviel v. H. (%) der Eier sind zerbrochen, wenn: **1***

a) unter 400 Eiern 10 (40, 50);

b) unter 750 Eiern 30 (15, 60) Brucheier sind?

Berechnen Sie den Prozentsatz. **2***

Rechnungsbetrag	Nachlaß		Rohgewicht	Verpackung
a) 800,— DM	24,— DM	e)	3 000 kg	80 kg
b) 70,— DM	2,10 DM	f)	250 kg	8,75 kg
c) 4 500,— DM	180,— DM	g)	120 kg	3 kg
d) 40,— DM	1,65 DM	h)	75 kg	3 kg

Wieviel Prozent beträgt der Preisaufschlag? **3***

Alter Preis:	a) 24,— DM	b) 5,60 DM	c) 9,60 DM	d) 15,75 DM
Neuer Preis:	26,40 DM	6,30 DM	12,— DM	18,90 DM
Alter Preis:	e) 18,40 DM	f) 0,95 DM	g) 426,— DM	h) 2,60 DM
Neuer Preis:	20,70 DM	1,16 DM	479,25 DM	2,99 DM

Bei einem Konkurs fallen 84 230,— DM Kosten und bevorrechtigte Ansprüche **4**
an. Wie hoch ist die Konkursquote für die nicht bevorrechtigten Forderungen in
Höhe von 824 400,— DM, wenn die Konkursmasse 264 380,— DM beträgt?

Preise in DM für ½ kg auf dem Wochenmarkt **5**

für	in der 1. Woche	2. Woche	3. Woche	4. Woche der Saison
Kirschen	3,40 DM	2,80 DM	1,60 DM	1,20 DM
Erdbeeren	4,20 DM	3,60 DM	2,80 DM	2,20 DM

Berechnen Sie in % die Preisveränderungen in den einzelnen Wochen.

Berechnen Sie den Skontoabzug in Prozent. **6**

Rechnungsbetrag	Skonto		Rechnungsbetrag	Barzahlung
a) 1 824,— DM	45,60 DM	d)	72,— DM	70,92 DM
b) 8 020,— DM	180,45 DM	e)	6 122,70 DM	5 918,61 DM
c) 720,20 DM	16,20 DM	f)	580,— DM	566,95 DM

7 Bei einem Konkurs betragen die Aktiva: Warenlager 185 000,— DM, Außenstände 82 000,— DM, Geschäftseinrichtung 126 000,— DM; die Passiva: Lieferantenschulden: 552 750,— DM. Bevorrechtigte Forderungen: Noch zu zahlende Gehälter 85 000,— DM, Steuern 76 000,— DM. Wieviel % ihrer Forderungen erhalten die gewöhnlichen Konkursgläubiger?

8 Aus Anlaß des Sommerschlußverkaufs hat eine Boutique ihre Preise herabgesetzt. Berechnen Sie den Prozentsatz der Preissenkung.

Nr. 624	Nr. 15	Nr. 615	Nr. 1 020	Nr. 76 a
36,—/30,60	72,—/63,35	6,20/4,16	132,—/112,20	65,—/57,20

9 Die Geschäftskosten betrugen in drei aufeinanderfolgenden Jahren:

354 000,— DM; 409 375,— DM; 482 090,— DM.

In dieser Zeit betrugen die Wareneinkäufe (Bezugspreise):

2 950 000,— DM; 3 275 000,— DM; 3 680 000,— DM.

Berechnen Sie den Prozentsatz der Geschäftskosten für die drei Jahre.

10 Wieviel Prozent sind:

a) 16,— DM von 800,— DM   c) 73,80 DM von 24 600,— DM

b) 9,— DM von 1 200,— DM   d) 9,25 DM von 18 500,— DM

11 Berechnen Sie den Prämiensatz in Prozent.

	Versicherungssumme	Prämie		Versicherungssumme	Prämie
a)	34 000,— DM	59,50 DM	c)	17 200,— DM	30,96 DM
b)	5 000,— DM	13,75 DM	d)	21 000,— DM	31,50 DM

12 Berechnen Sie den Prozentsatz.

a) Rohgewicht	428 kg	Verpackung	6,42 kg
b) Rohgewicht	8 134 kg	Reingewicht	7 890 kg
c) Rohkaffee	382 kg	Röstkaffee	301,780 kg

13

a) Rechnungsbetrag	821,— DM	Nachlaß	18,47 DM
b) Rechnungsbetrag	2 160,— DM	Barzahlung	2 062,80 DM
c) Buchwert	1 573,20 DM	Abschreibung	131,10 DM
d) Anschaffungswert	2 728,— DM	Bilanzwert	2 387,— DM

14 Wieviel % beträgt der Gewinn oder Verlust?

	Selbstkostenpreis	Verkaufspreis		Selbstkostenpreis	Verkaufspreis
a)	128,— DM	160,— DM	e)	940,— DM	864,80 DM
b)	1 785,— DM	1 870,— DM	f)	103,50 DM	91,02 DM
c)	196,40 DM	274,80 DM	g)	820,— DM	754,40 DM
d)	2 178,20 DM	2 940,57 DM	h)	1 650,— DM	1 542,75 DM

510166

Der Alkoholgehalt von Spiritus wird in % (Raumprozenten) angegeben.

15

Es werden gemischt:

a)   12 l reiner Alkohol   mit   4 l Wasser

b) 240 l reiner Alkohol   mit   60 l Wasser

c) 185 l reiner Alkohol   mit 210 l Wasser

d) 120 l 86%iger Spiritus mit   60 l Wasser

e)   40 l 60%iger Spiritus mit   14 l 45%igem Spiritus

Wieviel prozentig ist der Spiritus in den einzelnen Fällen?

Die Bilanz eines Unternehmens weist als Aktiva die folgenden Posten auf: Kasse 7 150,20 DM, Postbankguthaben 13 428,30 DM, Bankguthaben 22 712,50 DM, Forderungen 25 614,— DM, Waren 41 925,70 DM und Geschäftsausstattung 5 631,50 DM. Auf der Passivseite stehen Verbindlichkeiten mit 19 284,— DM und Wechselschulden mit 21 785,— DM. Berechnen Sie die prozentualen Anteile der einzelnen Posten (Aktiva und Passiva) an der gesamten Bilanzsumme. (Eine Stelle nach dem Komma.)

16

Ein Autozubehörgeschäft bietet beim Räumungsverkauf stark herabgesetzte Preise. Berechnen Sie den jeweiligen Preisnachlaß:

17

	regulärer Preis	herabgesetzter Preis
Lammfell-Schonbezug	109,— DM	79,50 DM
Auto-Feuerlöscher	34,90 DM	19,50 DM
Batterieladegerät	59,— DM	39,50 DM
Starthilfekabel	13,90 DM	9,50 DM

Eine Filiale einer Verbrauchermarktkette rechnet folgende Umsätze ab:

18

Nahrungsmittel	135 761,17 DM	Getränke	67 435,30 DM
Genußmittel	44 625,90 DM	Non-food-Artikel	23 616,32 DM
Obst und Gemüse	15 677,89 DM		

Errechnen Sie die prozentualen Anteile der einzelnen Artikelgruppen am Gesamtumsatz.

19

Außenhandel der Bundesrepublik Deutschland	Einfuhr in Mio. DM	Ausfuhr in Mio. DM
Lebende Tiere	736	864
Nahrungsmittel tierischen Ursprungs	13 236	9 862
Nahrungsmittel pflanzlichen Ursprungs	34 348	12 194
Genußmittel	9 632	5 105
Rohstoffe	57 456	8 565
Halbwaren	86 794	41 038
Fertigwaren	254 034	456 209

a) Berechnen Sie in Prozent den Anteil der Ernährungswirtschaft und der gewerblichen Wirtschaft (im ganzen) an der Gesamteinfuhr.

b) Wieviel Prozent betragen die einzelnen Positionen der Ausfuhr?

---

20 Die Steuereinnahmen des Bundes und der Länder betrugen 19.. insgesamt 437 199 Millionen DM. Davon entfielen: 51 428 Mio. DM auf die Umsatzsteuer, 147 630 Mio. DM auf die Lohnsteuer, 28 568 Mio. DM auf die Einkommensteuer, 31 836 Mio. DM auf die Körperschaftsteuer, 14 452 Mio. DM auf die Tabaksteuer, 5 412 Mio. DM auf Zölle. Berechnen Sie den prozentualen Anteil der einzelnen Steuern an dem Gesamtaufkommen und die Steigerung gegenüber 19.. mit 414 695 Mio. DM Steuereinnahmen.

21 Monatsumsätze und Kosten in Einzelhandelsgeschäften:

	Tabakwaren in DM	Schuhgeschäft in DM
Monatsumsatz...........................	95 180,—	186 540,—
Kosten, und zwar: Personalkosten	4 826,—	8 762,—
Miete	1 275,—	2 798,—
Steuern	2 312,—	6 342,—
Werbung	196,—	1 761,—
Sonstige Kosten	2 437,—	8 581,—

a) Setzen Sie die Kosten in Beziehung zum Umsatz und berechnen Sie die einzelnen Prozentsätze.

b) Berechnen Sie, wieviel % die Gesamtkosten vom Umsatz ausmachen.

III. Berechnen des Grundwertes

Beispiel: Von einer Rechnung wurden 2 % Skonto = 25,60 DM abgezogen. Wie groß war der Rechnungsbetrag?

2 % des Rechnungsbetrages (Grundwert) = 25,60 DM
1 % des Rechnungsbetrages (Grundwert) = 12,80 DM
100 % des Rechnungsbetrages (Grundwert) = 1 280,— DM

Kürzer:
2 % = 25,60 DM
100 % = 50 · 25,60 DM = 1 280,— DM

Merke: $\text{Grundwert} = \dfrac{\text{Prozentwert} \cdot 100}{\text{Prozentsatz}}$

1* Stellen Sie den Rechnungsbetrag fest:

a) 4 % Nachlaß = 28,— DM

b) 3 % Nachlaß = 36,— DM

c) 5 % Nachlaß = 45,— DM

d) 6 % Nachlaß = 14,40 DM

e) 2 % Nachlaß = 7,20 DM

f) 7 % Nachlaß = 28,70 DM

g) $8\frac{1}{3}$ % Nachlaß = 8,— DM

h) $12\frac{1}{2}$ % Nachlaß = 27,— DM

i) $2\frac{1}{2}$ % Nachlaß = 0,70 DM

k) $3\frac{1}{3}$ % Nachlaß = 1,30 DM

510168

Berechnen Sie das Bruttogewicht und Nettogewicht bei: **2**

a) $2\frac{1}{2}\% = 1,850$ kg Tara   e) $1\frac{1}{4}\% = 30,200$ kg Tara

b) $6\frac{2}{3}\% = 4,100$ kg Tara   f) $3\frac{1}{3}\% = 210,320$ kg Tara

c) $12\frac{1}{2}\% = 7,250$ kg Tara   g) $8\frac{1}{3}\% = 73\frac{1}{2}$ kg Tara

d) $33\frac{1}{3}\% = 9,450$ kg Tara   h) $1\frac{2}{3}\% = 1,81$ kg Tara

---

Bei der Bezahlung von Rechnungen wurden für Skonto a) $1\frac{1}{2}\% = 18,72$ DM; **3**
b) $2\frac{1}{2}\% = 103,32$ DM und c) $3\frac{1}{3}\% = 26,35$ DM gekürzt. Wie hoch waren die Rechnungsbeträge vor dem Abzug des Skontos?

Ein Einzelhandelsgeschäft hat für die Monate Jan., Febr. und März 9 270,62 DM; **4**
9 823,57 DM; 10 414,35 DM für Umsatzsteuer (15 %) an das Finanzamt überwiesen. Berechnen Sie den Umsatz für die drei Monate.

---

a) 12 % Abschreibung = 1 086,— DM; Buchwert = ? **5**

b) $12\frac{1}{2}$ % Abschreibung = 875,— DM; Bilanzwert = ?

c) 35 % Umsatzsteigerung = 31 570,— DM; alter Umsatz = ?

d) 12 % Rabatt = 117,64 DM; Listenpreis = ?

e) 7 % Umsatzsteuer = 1 925,80 DM; Umsatz (netto) = ?

Bei dem Konkurs eines ihrer Kunden erhält eine Firma nur 24 % (15 %) ihrer **6**
Forderung = 516,— DM (1 274,52 DM) ausbezahlt. Wie hoch war diese?

Ein Vertreter erhält auf die von ihm vermittelten Aufträge: **7**

a) $2\frac{1}{2}\% = 304,50$ DM Provision   d) $6\frac{1}{2}\% = 833,07$ DM Provision

b) 5 % = 432,03 DM Provision   e) $3\frac{1}{2}\% = 330,15$ DM Provision

c) 8 % = 1 308,— DM Provision

Über welchen Betrag lauteten die Aufträge?

Ein Hausbesitzer hat im vergangenen Jahr für Instandhaltung seines Hauses **8**
15 % der Bruttomiete = 6 175,— DM aufgewendet. Wie hoch war die Bruttomiete?

Ein Familienvater rechnet mit $16\frac{2}{3}\%$ seines Einkommens für die Wohnungs- **9**
miete. Er zahlt 780,50 DM. Wie hoch ist das Einkommen?

Ein pensionierter Beamter erhält jetzt 75 % seines Gehaltes als Pension. **10**
Monatlich werden ihm netto, d. h. abzüglich 252,26 DM für Lohnsteuer und
Kirchensteuer, 1 849,92 DM ausgezahlt. Wie hoch war sein zuletzt bezogenes
Jahresgehalt, als er noch im Dienst war?

Bei einem Hauskauf betrugen die zusätzlichen Kosten (Maklerprovision, Grund- **11**
erwerbsteuer usw.) 14 176,— DM oder 8 % des Kaufpreises. Wie hoch war der
Kaufpreis?

---

12 An dem Kapital einer OHG sind A mit 40 %, B mit 35 % und C mit dem Rest von 78 750,— DM beteiligt. Der Reingewinn in Höhe von 136 325,— DM ist nach den Bestimmungen des HGB zu verteilen.

13 Ein Kommissionär in London berechnet seinem Auftraggeber in Solingen für die von ihm verkauften Waren 5 % Provision = 3 842,47 £.

   a) Welchen Betrag hat er nach Solingen zu überweisen?

   b) Wieviel DM schreibt die Kreditbank in Solingen ihrem Kunden gut, wenn sie $\frac{1}{8}$ % Provision berechnet? (Kurs 2,458)

14 Ein Reisender erhält ein Fixum von monatlich 1 486,— DM und $6\frac{1}{4}$ ($4\frac{1}{2}$ %) Provision. Welche Umsätze muß er erreichen, wenn er ein Jahreseinkommen von 78 000,— DM (46 000,— DM) erzielen will?

IV. Verminderter und vermehrter Grundwert

A. Verminderter Grundwert (Prozentrechnung im Hundert)

Beispiel: Eine Rechnung wird nach Abzug von 2 % Skonto mit 1 254,40 DM bezahlt. Wie hoch ist der Rechnungsbetrag?

Bei 2 % Abzug ist die Zahlung 100 % − 2 % = 98 % des Rechnungsbetrages.

a) 98 % = 1 254,40 DM (verminderter Wert) oder   b)   98 % = 1 254,40 DM
    1 % = 1 254,40 DM : 98 = 12,80 DM   (1 % =   12,80 DM)
100 % = 100 · 12,80 = 1 280,— DM (Grundwert) + 2 % =   25,60 DM
                                        100 % = 1 280,— DM

Merke: Verminderter Grundwert = Grundwert − Prozentwert

1 Ermitteln Sie den vollen Rechnungsbetrag.

   a)   4 032,— DM Barzahlung;   4   % Nachlaß

   b)   276,90 DM Barzahlung; $2\frac{1}{2}$ % Nachlaß

   c) 6 146,70 DM Barzahlung; $3\frac{1}{2}$ % Nachlaß

2 Ermitteln Sie das Bruttogewicht.

   a)   76,05 kg Nettogewicht;   2   % Verpackung

   b) 2 900,70 kg Nettogewicht; $1\frac{1}{4}$ % Verpackung

   c) 12 168,65 kg Nettogewicht; $3\frac{1}{2}$ % Verpackung

   d)   257,64 kg Nettogewicht;   5   % Verpackung

   e)   637,00 kg Nettogewicht; $4\frac{1}{2}$ % Verpackung

Beispiel: Im Schlußverkauf wird der Preis für 1 Paar Schuhe um $12\frac{1}{2}$ % herabgesetzt. Die Schuhe werden jetzt zu 98,— DM angeboten. Wie hoch war der alte Preis?

Lösung:

Alter Preis = ... DM = 100 % = $\frac{8}{8}$ ▲

Kürzung = ... DM = $12\frac{1}{2}$ % = $\frac{1}{8}$

Neuer Preis = 98,— DM = $87\frac{1}{2}$ % = $\frac{7}{8}$ (verminderter Wert)

$12\frac{1}{2}$ % = $\frac{1}{7}$ von 98,— = 14,— DM

100 % = 14 · 8 = 112,— DM

---

3 Ermitteln Sie den Selbstkostenpreis:

	Verkaufspreis	Verlust		Verkaufspreis	Verlust
a)	960,40 DM	20 %	d)	841,12 DM	$6\frac{2}{3}$ %
b)	66,30 DM	15 %	e)	1 491,35 DM	$12\frac{1}{2}$ %
c)	3 025,— DM	$8\frac{1}{3}$ %	f)	781,17 DM	$2\frac{1}{2}$ %

---

4 Bei einem Ausverkauf wurde ein Posten Damenblusen mit einem Nachlaß von 28 % zu 170,60 DM verkauft. Wie groß war der Nachlaß?

---

5 Ein Kommissionär überweist nach Abzug seiner Provision von $2\frac{1}{2}$ % und seiner Auslagen (127,20 DM) an den Auftraggeber 42 047,40 DM. Berechnen Sie den Umsatz.

---

6 Eine Nähmaschinenfabrik gewährt Wiederverkäufern beim Bezug von Nähmaschinen Rabatt. Es ist der jeweilige Listeneinkaufspreis zu berechnen.

Zieleinkaufspreis: a) 818,75 DM; b) 556,20 DM; c) 211,20 DM

Rabatt: 15 % 25 % 12 %

---

7 Ein Schuhgeschäft hat im Schlußverkauf die Preise herabgesetzt. Wie hoch waren die Preise vorher?

	Herrenschuhe	Moonboots	Damenschuhe	Kinderschuhe
Ermäßigung:	$12\frac{1}{2}$ %	10 %	20 %	15 %
herabgesetzter Preis:	66,80 DM	41,70 DM	92,56 DM	45,30 DM
dgl.:	84,35 DM	63,50 DM	50,40 DM	30,20 DM

---

8 Eine Maschine wurde 3 Jahre hintereinander mit 15 % vom jeweiligen Bilanzwert abgeschrieben und steht am Ende des 3. Jahres mit 3 684,75 DM in der Bilanz. Wie hoch war der Anschaffungspreis?

---

9 Vom Listenpreis wurden 12½ % Rabatt und vom Zieleinkaufspreis 2½ % Skonto abgezogen, so daß der Bareinkaufspreis noch 2 711,57 DM betrug. Wie hoch war der Listenpreis?

10 Bei einem Konkurs erhalten die nicht bevorrechtigten Gläubiger nur 15 % ihrer Forderungen. Gläubiger A werden 5 830,50 DM, Gläubiger B 9 934,60 DM ausgezahlt. Wieviel DM haben sie dabei verloren?

B. Vermehrter Grundwert (Prozentrechnung auf Hundert)

Beispiel: Das Gehalt einer Angestellten wurde um 6 Prozent erhöht und beträgt jetzt 3 869,— DM. Wie hoch war das Gehalt vorher?

Das erhöhte Gehalt (der vermehrte Grundwert) = 100 % + 6 % = 106 % des Grundwertes.

a) 106 % = 3 869,— DM
    1 % = 3 869,— DM : 106 = 36,50
100 % = 3 650,— DM

b)   106 % = 3 869,— DM
  (1 % =   36,50)
−   6 % =   219,— DM
  100 % = 3 650,— DM

Merke: Vermehrter Grundwert = Grundwert + Prozentwert

1 Ermitteln Sie den alten Preis bzw. die frühere Miete:

Neuer Preis	Aufschlag		Erhöhte Miete	Steigerung
a) 453,90 DM	8 %		d) 952,— DM	12 %
b) 655,50 DM	10 %		e) 828,46 DM	15 %
c) 848,— DM	6 %		f) 937,08 DM	20 %

2 Die 3prozentigen Jahreszinsen wurden der Spareinlage am Jahresende gutgeschrieben, so daß der Sparbetrag jetzt 461,44 DM beträgt. Wie groß war er am Jahresanfang?

3 Berechnen Sie den früheren Preis.

Erhöhter Preis	Erhöhung		Erhöhter Preis	Erhöhung
a) 381,60 DM	20 %		c) 1 230,50 DM	17 %
b) 198,48 DM	12½ %		d) 2 749,65 DM	22 %

4 Ermitteln Sie den Selbstkostenpreis.

Verkaufspreis	Gewinn		Verkaufspreis	Gewinn
a) 574,75 DM	4½ %		c) 7 968,32 DM	21 %
b) 9 478,70 DM	16⅔ %		d) 4 012,85 DM	12 %

510172

Ein Kommissionär schickt seinem Auftraggeber die Einkaufsrechnung über **5**
17 809,— DM (einschließlich 3½ % Provision). Berechnen Sie den reinen
Einkaufswert.

In der Nachkalkulation werden die Materialkosten mit 399,50 DM und die Löhne **6**
mit 232,40 DM ermittelt. Die Materialkosten liegen damit um 6½ %, die Löhne
um 8 % über dem Voranschlag. Errechnen Sie die entsprechenden Zahlen der
Vorkalkulation.

Die Umsätze für bestimmte Artikel betragen in diesem Jahr: **7**

a) 65 871,— DM (112 255,— DM) bei 30 % (10 %) Steigerung

b) 26 395,20 DM (441 881,50 DM) bei 8⅓ % (2½ %) Steigerung

c) 73 071,84 DM (105 550,— DM) bei 4 % (11 %) Steigerung

Berechnen Sie die Umsätze des Vorjahres.

Die Monatsmiete für ein Geschäftslokal war im 2. Geschäftsjahr um 12 % höher **8**
als im 1., im 3. Jahr um 5 % höher als im 2. Im 3. Jahr betrug sie 7 126,56 DM.
Berechnen Sie die Miete bei der Übernahme des Geschäftes.

Ein Versandhaus hat seine Preise im Herbst-/Winter-Katalog erhöht. Ermitteln **9**
Sie die Preise aus dem Frühjahr-/Sommer-Katalog.

Cord-Blouson für Herren   5 % erhöht   jetzt 183,45 DM

Cord-Jeans für Herren   4 % erhöht   jetzt 96,15 DM

Veloursleder-Jacke   2½ % erhöht   jetzt 405,45 DM

Eine Boutique hatte 40 Stück Damenblusen in verschiedenen Farben und Mustern **10**
bezogen und sie mit einem Aufschlag von 40 % (für Geschäftskosten, Gewinn
und Umsatzsteuer) mit 89,40 DM ausgezeichnet. Zu diesem Preis wurden auch
30 Stück abgesetzt. Die restlichen Blusen wurden im Sommerschlußverkauf zum
Einkaufspreis verkauft.

a) Zu welchem Preis wurden die 10 Blusen verkauft?

b) Wieviel DM Rohgewinn wurden an dem ganzen Posten verdient?

Unser Einkaufsvermittler aus Holland belastet uns mit 6 438,15 hfl. In diesem **11**
Betrag sind 87,30 hfl Kosten und 5 % Provision enthalten.

Wie hoch ist der Bareinkaufspreis in DM (Kurs 88,74)?

Berechnen Sie den Bezugspreis: **12**

	Selbstkostenpreis	Geschäftskosten		Selbstkostenpreis	Geschäftskosten
a)	12 375,— DM	12½ %	d)	915,80 DM	8⅓ %
b)	3 494,40 DM	12 %	e)	112,32 DM	17 %
c)	60,49 DM	15 %	f)	5 687,— DM	10 %

V. Vermischte Aufgaben

1 Ein Artikel wird von einem Großhändler mit 15 % Gewinn zu 304,75 DM verkauft. Berechnen Sie den Selbstkostenpreis.

2 Die Maurerarbeiten eines Neubaues werden gegenüber dem Voranschlag um $3\frac{1}{2}$ % billiger für 181 648,50 DM ausgeführt. Wie hoch war der Voranschlag?

3 Herr Gerhard Seidel hat die Vertretung einer englischen Tuchfabrik im Großraum Hamburg gegen ein monatliches Fixum von 175 £ und 7 % Umsatzprovision übernommen. Welchen Jahresumsatz muß er erzielen, wenn er an dieser Vertretung monatlich 2 000,— DM verdienen will? (Kurs 2,437)

4 N. macht eine Erbschaft und muß an das Finanzamt 8 % oder 8 643,78 DM Erbschaftssteuer bezahlen. Wie hoch war die Erbschaft?

5 Der Umsatz einer Firma betrug im Monat Juli 151 230,— DM, der Rohgewinn 27 003,59 DM; die Geschäftskosten betrugen 16 302,20 DM.

  a) Wie hoch ist der Rohgewinn in Prozent vom Umsatz?

  b) Wie hoch ist der Reingewinn in Prozent vom Umsatz?

6 Ein Kaufmann versichert sein Geschäftshaus bei einer Versicherungsgesellschaft mit 618 800,— DM gegen Brandschaden und Diebstahl und zahlt jährlich 1 701,70 DM Prämie. Wieviel je Tausend (‰) sind das?

7 Die Rechnung der Firma Schneider über geliefertes Heizöl wurde unter Abzug von 2 % Skonto bezahlt. Für die Kalkulation wurden die Heizungskosten wie folgt verteilt:

Auf Büroräume entfallen 28 %,
auf Lager A   entfallen 16 %,
auf Labor   entfallen 21 %,
auf Materiallager entfällt der Rest = 2 622,— DM.

Über welchen Betrag lautete die Rechnung?

8 Ein Kaufmann versichert ein Warenlager, das einen wirklichen Wert von 250 000,— DM hat, mit 150 000,— DM (Unterversicherung). Welchen Betrag ersetzt die Versicherung bei einem Brandschaden von 125 000,— DM, wenn sie nur nach dem Verhältnis der Versicherungssumme zu dem Versicherungswert haftet?

9 Ein Händler mischt 3 Sorten einer Ware. Die 1. Sorte kostet im Einkauf 2,80 DM je $\frac{1}{2}$ kg, die 2. Sorte ist $5\frac{1}{2}$ % billiger als die erste und die 3. Sorte 10 % teurer als die 2. Sorte. Wie hoch ist der Verkaufspreis für 1 kg der Mischung bei einem Zuschlag von 45 %?

10 In einer Drogerie werden 30 l Spiritus von 75 % mit 54 l 60%igem Spiritus gemischt. Bestimmen Sie den Prozentgehalt der Mischung.

510174

Wie hoch muß der Verleger den Ladenpreis eines Buches (einschl. 7 % Umsatzsteuer) ansetzen, wenn bei 12,80 DM Herstellungskosten der Gewinn 20 % und der Buchhändlerrabatt 25 % betragen sollen? **11**

Ein Händler erhält auf Kassetten-Stereo-Autoradios einen Wiederverkäuferrabatt **12** von 22 % und verkauft sie zu dem von der Fabrik empfohlenen Preis von 495,— DM einschließlich Umsatzsteuer. Wieviel Gewinn (in %) bleibt ihm noch, wenn er aus der Verdienstspanne auch die Geschäftskosten in Höhe von 60,85 DM decken muß?

Ein Kommissionär schreibt seinem Auftraggeber den Betrag von 5 906,52 DM **13** gut. Er berechnet dabei $2\frac{1}{2}$ % Provision und 1 % Delkredereprovision (Zielverkauf). Berechnen Sie den vollen Verkaufserlös.

An einer Handelsgesellschaft (OHG) sind vier Teilhaber beteiligt, und zwar A mit **14** 45 %, nämlich 97 560,— DM, B mit 23 %, C mit 15 % und D mit dem Rest des Kapitals.

a) Der Gewinn von 227 200,— DM soll nach den Einlagen verteilt werden. Wieviel erhält jeder?

b) Der Gewinn wird nach den Bestimmungen des HGB verteilt.

Die Firma Scheppler in Frankfurt (Main) überweist einem Hamburger Importhaus für eine Kaffeelieferung 2 635,25 DM nach Abzug von 2 % Skonto. **15** Wieviel kg brutto bezog die Firma, wenn 50 kg netto 850,— DM kosten und die Tara mit 3 % berechnet war?

Eine Konkursmasse beträgt 40 178,40 DM. Die Gläubiger melden 150 265,24 **16** DM Forderungen an. Die Kosten des Verfahrens betragen 8 622,70 DM. a) Wie hoch ist die Konkursdividende? b) Wieviel erhält Gläubiger A, der 1 860,20 DM angemeldet hat?

Eine Kaffeerösterei will 365 kg (210 kg, 540 kg) Röstkaffee herstellen. Wieviel kg **17** Rohkaffee werden dazu benötigt, wenn der Röstverlust $18\frac{1}{2}$ % (21 %) beträgt?

Ein Importeur in Hamburg bezieht aus Spanien 200 Kisten Apfelsinen zum Preis **18** von 12,75 DM je Kiste und versichert die Sendung zuzüglich 10 % imaginärem Gewinn zu $1\frac{1}{4}$ %. Die Fracht beträgt 0,38 £ je Kiste (Kurs 2,45). Welche Prämie muß er bezahlen?

Eine zweifelhafte Forderung wurde zum 31.12. nach Abschreibung von 30 % **19** ($12\frac{1}{2}$ %, 55 %) mit 23 486,40 DM bewertet. Wie hoch war sie?

Bei einem Konkurs erhalten die nicht bevorrechtigten Gläubiger $35\frac{1}{2}$ % **20** Konkursdividende. A hat 3 860,40 DM, B 7 540,— DM, C 8 140,20 DM und D 11 980,40 DM zu fordern. Wieviel DM erhalten sie?

21 Jemand kauft einen Staubsauger gegen eine Anzahlung von 200,— DM und 6 Monatsraten von je 41,80 DM. Er zahlt damit 12 % (Teilzahlungszuschlag) mehr als beim Barpreis. Berechnen Sie diesen.

22 Der Feingehalt (Gehalt an Gold und Silber) der Silberlegierungen wird in Tausendstel des Gesamtgewichts ausgedrückt und durch einen eingeprägten Stempel kenntlich gemacht.

a) Eine goldene Uhrkette ist 17,09 g schwer und zeigt den Stempel $\boxed{585}$.
   Bestimmen Sie den Feingehalt.

b) Es sollen 1,2 kg (900 g) Goldlegierung mit einem Feingehalt von 750 und 2,4 kg (600 g) 800haltiges Silber hergestellt werden.

23 Für Seeversicherung bezahlte eine Londoner Firma 12,15 £ = ¾ ‰. Der Wert der Ware in DM ist zu ermitteln. (Kurs: 2,485)

24 Eine Möbelfabrik verkauft an einen Wiederverkäufer Küchen-Eckbänke zu 346,— DM das Stück. In diesen Preis sind nacheinander 10 % Gewinn, 2 % Skonto und 4 % Rabatt einkalkuliert. Ermitteln Sie den Reingewinn je Stück in DM.

25 Eine AG mit einem Aktienkapital von 7,5 Mio. DM verteilt den Reingewinn von 945 000,— DM folgendermaßen: Der gesetzlichen Rücklage werden 5 % zugeführt. Von dem Restbetrag werden 15 % Tantieme für den Vorstand und 4 % Vordividende (für die Aktionäre) berechnet und abgesetzt. Von dem verbleibenden Betrag wird eine Tantieme von 12 % für den Aufsichtsrat berechnet. Vom Restbetrag erhalten die Aktionäre noch eine Zusatzdividende von 3 %. Ermitteln Sie den Restbetrag des Reingewinns, der auf neue Rechnung vorgetragen wird.

26 Vollmilchschokolade besteht aus 14 % Kakaomasse, 20 % Kakaobutter, 28 % Vollmilchpulver und 38 % Zucker. Welche Mengen müssen von den einzelnen Bestandteilen genommen werden, wenn 110 000 Tafeln Schokolade zu je 100 g hergestellt werden sollen?

27 Eine Hamburger Firma bezieht aus Solingen 1 200 Stück einer Ware zu 7,15 DM je Stück. 2½ % Skonto, Fracht und Rollgeld 18,75 DM. Ihr Umsatz (zum Selbstkostenpreis) betrug im Vorjahr 687 325,—DM, die Geschäftskosten beliefen sich im gleichen Jahr auf 52 860,— DM.

a) Berechnen Sie den Geschäftskostenzuschlag.

b) Berechnen Sie den Selbstkostenpreis je Stück.

28 Die Seeversicherung für eine Sendung Baumwolle betrug ⅞ % = 1 463,— DM. Wie hoch war der reine Warenwert (einschließlich Frachtkosten), wenn die Versicherung auch noch einen imaginären Gewinn von 10 % einschließt?

Nach der Haushaltsstatistik gab ein Vier-Personen-Arbeitnehmerhaushalt mit **29** mittlerem Einkommen 19.. im Durchschnitt monatlich aus: Für Nahrungsmittel 627,— DM, für Miete 563,— DM, für Verkehrsmittel und Post 424,— DM, für Bildung und Unterhaltung 259,— DM, für Möbel und Hausrat 229,— DM, für Kleidung und Schuhe 235,— DM, für Versicherungen und Beiträge 137,— DM, für Heizung, Strom und Gas 208,— DM, für Genußmittel 109,— DM, für Körper- und Gesundheitspflege 92,— DM und für verschiedene sonstige Ausgaben 259,— DM.
Errechnen Sie die Anteile der einzelnen Verbrauchsausgaben an den Gesamt- ausgaben.

Die Heizungskosten für die letzte Heizperiode werden von dem Hausbesitzer **30** auf die Mieter umgelegt. Auf das Erdgeschoß entfallen 38 %, auf den 1. Stock 34,3 %, auf den 2. Stock links 7,7 % und rechts 20 %. Der Heizölverbrauch betrug 12 700 l. Davon waren 5 000 l zu 36,— DM/100 l und der Rest zu 42,— DM/100 l eingekauft worden. Welche Beträge hat der Hausbesitzer auf die einzelnen Mieter für die Heizungsperiode umzulegen?

Es werden gemischt: 15 l 70%iger, 30 l 75%iger und 25 l 80%iger Alkohol. **31** Bestimmen Sie den Prozentgehalt der Mischung.

36 Warnblinklampen kosteten im Einkauf 22,50 DM je Stück. Porto und Ver- **32** packung machten 39,60 DM aus. 10 Stück wurden zu je 28,50 DM, 10 Stück zu je 26,75 DM, die übrigen 16 Stück zu je 24,50 DM verkauft.
a) Wie hoch (in Prozent) war der Aufschlag in den drei Fällen?
b) Mit welchem durchschnittlichen Aufschlag hätten die 36 Lampen verkauft werden können?

Auf einem Fabrikgebäude lastet eine 5%ige Hypothek. Für Verzinsung und Tilgung **33** zahlte die Firma an den Hypothekengläubiger im letzten Jahr 7 840,— DM. Zu Beginn des Jahres betrug die Hypothek 89 750,— DM. Wieviel DM betrug im laufenden Jahr die Tilgung?

Die Süddeutsche Bank überließ uns unter Berechnung von $2\frac{1}{2}$ % Maklergebühr **34** und $1\frac{1}{2}$ % Provision Schweizer Franken und belastete uns mit:
a) 2 300,—;   b) 1 800,40;   c) 2 580,60;   d) 3 190,50 DM.
Wieviel sfrs kaufte die Bank in jedem Fall für uns? (Kurs 111,54)

Wie groß war der durchschnittliche Prozentsatz der Geschäftskosten in den **35** letzten 4 Jahren?

	19..	19..	19..	19..
Umsatz:	180 500,80	244 670,20	289 177,85	321 093,46 DM
Geschäftskosten:	19 812,30	21 531,17	25 641,16	28 117,19 DM

10. Abschnitt: Zinsrechnung

Zinsrechnung ist Prozentrechnung unter Berücksichtigung der Zeit. Dabei treten folgende Größen auf:

1. **Das Kapital** (es entspricht dem Grundwert);
2. **der Zinssatz** (er entspricht dem Prozentsatz);
3. **die Zeit** (die zur Prozentrechnung hinzukommende neue Größe);
4. **die Zinsen** (sie entsprechen dem Prozentwert). Zinsen sind eine Vergütung für die leihweise Überlassung von Geld-Kapital.

I. Berechnen der Zinsen

A. Berechnen von Jahreszinsen

Beantworten Sie: Wovon hängt die Höhe der Zinsen ab? Welche Werte müssen zur Berechnung der Zinsen gegeben sein?

Beispiel: Ein Kaufmann nimmt ein Kapital von 8000,— DM auf. Der Zinssatz ist 6 %. Wieviel Zinsen hat er in 4 Jahren zu zahlen?

Lösung: 6 % Zinssatz bedeutet 6,— DM Zinsen für 100,— DM Kapital in 1 Jahr!
in 1 Jahr: 80,— DM · 6 = 480,— DM;
in 4 Jahren: = 480,— DM · 4 = 1 920,— DM

Merke: $\text{Jahreszinsen} = \dfrac{\text{Kapital} \cdot \text{Zinssatz} \cdot \text{Jahre}}{100}$

1* Berechnen Sie die Zinsen für 1 Jahr von

a) 480,— DM zu 4 %, $2\frac{1}{2}$ %,   3 %,   5 %, $1\frac{1}{2}$ %, $3\frac{1}{3}$ %

b) 160,— DM zu 2 %, $2\frac{1}{4}$ %, $5\frac{1}{8}$ %, $3\frac{3}{4}$ %, $4\frac{1}{2}$ %, $1\frac{3}{4}$ %

---

2 Berechnen Sie die jährlichen Hypothekenzinsen von:

a) 35 000,— DM zu 6,5 %   d) 76 100,— DM zu 7,25 %

b) 88 500,— DM zu 7,5 %   e) 28 500,— DM zu 6,75 %

c) 12 800,— DM zu 5,8 %   f) 23 900,— DM zu 5,75 %

3* Berechnen Sie die Zinsen:

a) 600,— DM zu 7 % in 2 Jahren   d) 2 200,— DM zu 5 % in 3 Jahren

b) 300,— DM zu 8 % in 4 Jahren   e) 3 000,— DM zu 3 % in 2 Jahren

c) 500,— DM zu 4 % in 3 Jahren   f) 2 500,— DM zu 6 % in 5 Jahren

---

78

510178

Berechnen Sie die Zinsen von: **4**

a) 4 150,— DM zu 4,75 % in 4 Jahren (zu $6\frac{1}{2}$ % in 6 Jahren)

b) 1 025,— DM zu 2,5 % in $3\frac{1}{2}$ Jahren (zu $7\frac{1}{2}$ % in 2 Jahren)

c) 784,— DM zu 4,2 % in $2\frac{1}{4}$ Jahren (zu $8\frac{1}{3}$ % in 3 Jahren)

d) 8 575,— DM zu 3,33 % in 2 Jahren (zu $6\frac{3}{4}$ % in 4 Jahren)

e) 3 408,— DM zu 2,75 % in 4 Jahren (zu $5\frac{1}{2}$ % in 2 Jahren)

f) 974,50 DM zu 3,25 % in 3 Jahren (zu $6\frac{1}{2}$ % in 2 Jahren)

g) 12 568,— DM zu 4,0 % in $2\frac{1}{2}$ Jahren (zu $8\frac{1}{2}$ % in 6 Jahren)

h) 5 103,70 DM zu 3,75 % in 4 Jahren (zu $9\frac{1}{2}$ % in 6 Jahren)

B. Berechnen von Monatszinsen

Beispiel: Wieviel Zinsen sind für ein Darlehen von 2 800,— DM in 8 Monaten bei 9 % zu zahlen?

Lösung: Die Zinsen für 1 Jahr $= 28 \cdot 9$

Die Zinsen für 1 Monat $= \dfrac{28 \cdot 9}{12}$

Die Zinsen für 8 Monate $= \dfrac{28 \cdot 9 \cdot 8}{12} = 168,— \text{DM}$

Merke: $\text{Monatszinsen} = \dfrac{\text{Kapital} \cdot \text{Zinssatz} \cdot \text{Monate}}{100 \cdot 12}$

Berechnen Sie die Zinsen von: **1**

a) 2 156,— DM zu 8,5 % in 6 Monaten (zu 5 % in 9 Monaten)

b) 7 248,— DM zu 4,5 % in 4 Monaten (zu 7 % in 6 Monaten)

c) 9 328,— DM zu $3\frac{1}{2}$ % in 4 Monaten (zu 6 % in 8 Monaten)

d) 1 020,— DM zu $4\frac{1}{4}$ % in $1\frac{1}{2}$ Monaten (zu 4 % in 5 Monaten)

In vielen Fällen ist es vorteilhaft, den **Jahreszinssatz für die Monate umzu-** **2** **rechnen;** so entspricht z. B. ein Zinssatz von 3 % für 1 Jahr einem Zinssatz von 1 % für 4 Monate. Rechnen Sie ebenso um:

a) 3 % in 6 Monaten   d) 9 % in 4 Monaten   g) 6 % in 2 Monaten

b) 4 % in 3 Monaten   e) 4 % in 9 Monaten   h) 4 % in 4 Monaten

c) 8 % in 6 Monaten   f) 3 % in 3 Monaten   i) $4\frac{1}{2}$ % in 4 Monaten

Berechnen Sie die Zinsen, indem Sie zuvor den Prozentsatz für die Monate fest- **3** stellen.

a) 3 650,— DM zu 3 % in 4 Monaten (zu 2 % in 6 Monaten)

b) 4 968,30 DM zu 4 % in 3 Monaten (zu 6 % in 2 Monaten)

c) 1 104,80 DM zu 3 % in 6 Monaten (zu 4 % in 6 Monaten)

d) 5 325,— DM zu 3 % in 8 Monaten (zu 3 % in 9 Monaten)

e) 12 750,— DM zu 3 % in 2 Monaten (zu 2 % in 4 Monaten)

f) 6 028,— DM zu 4 % in 6 Monaten (zu 4 % in 2 Monaten)

g) 9 781,90 DM zu 3 % in 3 Monaten (zu 9 % in 6 Monaten)

h) 4 125,— DM zu $2\frac{1}{2}$ % in 4 Monaten (zu $2\frac{1}{2}$ % in 3 Monaten)

---

4 Berechnen Sie die Rückzahlung folgender Darlehen einschließlich Zinsen:

a) 8 350,— DM (12 418,— DM) zu 3 % in 9 Monaten

b) 2 495,70 DM (8 703,80 DM) zu 4 % in 8 Monaten

c) 9 732,— DM (6 054,— DM) zu $3\frac{1}{2}$ % in 6 Monaten

d) 2 186,50 DM (7 923,75 DM) zu $4\frac{1}{2}$ % in 4 Monaten

e) 6 646,— DM (26 324,80 DM) zu 3 % in 5 Monaten

f) 1 275,— DM (1 226,— DM) zu $2\frac{1}{2}$ % in 10 Monaten

g) 3 516,80 DM (5 872,65 DM) zu $3\frac{1}{2}$ % in $4\frac{1}{2}$ Monaten

h) 9 321,— DM (3 468,50 DM) zu $4\frac{1}{2}$ % in $2\frac{1}{2}$ Monaten

---

C. Berechnen von Tageszinsen

Beachte: Bei der Berechnung der Zinstage unterscheidet man folgende Methoden:

Bei der **Euro-Zinsmethode** (auch **französische** Methode genannt) wird das **Jahr mit 360 Tagen** angenommen, **die Monate aber** werden **taggenau** berechnet. Diese Methode wird seit 1990 in den EU-Staaten, also auch in der kaufmännischen Praxis (nicht aber im bürgerlichen Rechtsverkehr) in Deutschland angewandt.

Bei der **englischen Methode** werden das **Jahr mit 365 Tagen und die Monate taggenau** berechnet. Diese Methode wird in Großbritannien und den USA, aber auch im bürgerlichen Rechtsverkehr der Bundesrepublik Deutschland verwendet.

Die frühere **deutsche Methode,** nach der die Monate generell mit 30 Tagen angesetzt wurden, wird heute offiziell nur noch in Norwegen und der Schweiz angewandt.

1* Berechnen Sie die Anzahl der Zinstage nach der Euro-Zinsmethode:

a) 12.03. bis 28.07.   b) 31.05. bis 30.12.   c) 04.03. bis 03.10.

26.04. bis 08.01.   01.06. bis 01.11.   30.01. bis 01.07.

02.01. bis 30.08.   30.07. bis 31.12.   26.10. bis 02.02.

Merke: In der kaufmännischen Praxis werden das Jahr zu 360 Tagen, die Monate aber taggenau berechnet.

Banken und Sparkassen rechnen die Zinsen i. d. R. nur von den DM-Beträgen; Pfennige werden gestrichen, nicht gerundet. Nur bei der Verzinsung von Spareinlagen wird pfenniggenau gerechnet.

510180

Bei der Berechnung der Zinstage geht man zweckmäßigerweise zunächst davon aus, daß alle in den betreffenden Zeitraum fallenden Monate 30 Tage haben, und addiert dann für die bisher unberücksichtigt gebliebenen Monatsenden von Januar, März, Mai, Juli, August, Oktober und Dezember jeweils einen Tag. Fällt das Monatsende von Februar in den Zeitraum, dann sind zwei Tage (bei sog. Schaltjahren ein Tag) abzuziehen.

Beispiel: Wie viele Tage sind es vom 07.02. bis 18.12.?

Vom 07.02. bis 07.12. sind es 10 Monate	=	300 Tage
vom 07.12. bis 18.12. sind es	=	11 Tage
dazu 31.03./05./07./08./10.	=	5 Tage
abzüglich 2 Tage im Februar	=	− 2 Tage
	=	314 Tage

Berechnen Sie die Anzahl der Zinstage vom 20.10. bis zum 05.03. n. J.   **2**

Wie viele Zinstage sind es   **3***

a) vom 25.07. bis 03.12.   c) vom 18.01. bis 05.07.

b) vom 02.01. bis 12.08.   d) vom 29.02. bis 01.10.?

Zinsberechnung mit Zinszahlen

Beispiel: Wieviel DM betragen die Zinsen von 630,— DM zu 4 % vom 28.03. bis 04.08.?

Die Zinsen für   1 Jahr = $6{,}30 \cdot 4$

Die Zinsen für   1 Tag $= \dfrac{6{,}30 \cdot 4}{360}$

Die Zinsen für 129 Tage $= \dfrac{6{,}30 \cdot 4 \cdot 129}{360} = 9{,}03$ DM

Tageszinsen also: $\dfrac{\text{Kapital} \cdot \text{Zinssatz} \cdot \text{Tage}}{100 \cdot 360}$

Diese Zinsformel läßt sich durch Kürzen des Zinssatzes gegen den Nenner 360 vereinfachen, weil der Zinssatz in den meisten Fällen eine Teilzahl von 360 ist.

Unsere Rechnung sieht jetzt so aus:

$$\frac{630 \cdot 4 \cdot 129}{100 \cdot 360} = \frac{\mathbf{6{,}30} \cdot 129}{\mathbf{90}} = \frac{812{,}7}{90} = 9{,}03 \text{ DM.}$$

Das Produkt der beiden verbleibenden Zahlen im Zähler (1 % des Kapitals · Tage) 812,7 nennt man **Zinszahl** (Zeichen #). Sie ist immer auf eine ganze Zahl zu runden, in unserem Beispiel also 813. Der Nenner, der sich durch die Division von 360 durch den Zinssatz ergibt, heißt **Zinsteiler** oder **Zinsdivisor.**

Merke: Tageszinsen $= \dfrac{\text{Zinszahl}}{\text{Zinsdivisor}}$

Dabei bedeutet: **Zinszahl   = 1 % des Kapitals · Tage**
Zinsdivisor = 360 : Zinssatz

Die Lösung des Beispiels hätte nach der gefundenen Formel ohne weiteres so erfolgen müssen: $\dfrac{6{,}3 \cdot 129}{90} = \dfrac{813}{90} = \underline{\underline{9{,}03 \text{ DM}}}$

Beachte: Zinszahlen sind immer ganze Zahlen, werden also kaufmännisch gerundet.

---

4 Prägen Sie sich die in der Übersicht zusammengestellten Zinsteiler ein.

bei Zinssatz:	Zinsdivisor:	Zinssatz:	Zinsdivisor:
1 %	360	$3\frac{3}{5}$ %	100
$1\frac{1}{5}$ %	300	$3\frac{3}{4}$ %	96
$1\frac{1}{4}$ %	288	4 %	90
$1\frac{1}{3}$ %	270	$4\frac{1}{2}$ %	80
$1\frac{1}{2}$ %	240	5 %	72
$1\frac{2}{3}$ %	216	6 %	60
2 %	180	$6\frac{2}{3}$ %	54
$2\frac{1}{4}$ %	160	$7\frac{1}{5}$ %	50
$2\frac{1}{2}$ %	144	$7\frac{1}{2}$ %	48
$2\frac{2}{3}$ %	135	8 %	45
3 %	120	9 %	40
$3\frac{1}{3}$ %	108	10 %	36

Beachte: Viele Zinsdivisoren lassen sich voneinander ableiten und daher leichter behalten. Vergleichen Sie die folgenden Beispiele:

a) Zinssatz:	10 %	5 %	$2\frac{1}{2}$ %	$1\frac{1}{4}$ %
Zinsdivisor:	36	72	144	288
b) Zinssatz:	1 %	2 %	4 %	8 %
Zinsdivisor:	360	180	90	45
c) Zinssatz:	10 %	$3\frac{1}{3}$ %	$6\frac{2}{3}$ %	$13\frac{1}{3}$ %
Zinsdivisor:	36	108	54	27

5* Berechnen Sie die Zinsen von:

a) 4 000,— DM in 30 Tagen 6 %

b) 2 000,— DM in 60 Tagen 4 %

c) 600,— DM in 45 Tagen 4 %

d) 2 400,— DM in 18 Tagen 5 %

e) 3 000,— DM in 30 Tagen 3 %

f) 80,— DM in 36 Tagen 5 %

g) 64,— DM in 48 Tagen $7\frac{1}{2}$ %

h) 1 200,— DM in 90 Tagen 8 %

i) 8 000,— DM in 40 Tagen $4\frac{1}{2}$ %

k) 120,— DM in 20 Tagen $3\frac{3}{5}$ %

l) 40,— DM in 72 Tagen $2\frac{1}{2}$ %

m) 575,— DM in 96 Tagen $3\frac{3}{4}$ %

n) 1 000,— DM in 120 Tagen $1\frac{1}{2}$ %

o) 6 400,— DM in 80 Tagen $4\frac{1}{2}$ %

p) 608,— DM in 10 Tagen $3\frac{3}{5}$ %

q) 350,— DM in 108 Tagen $3\frac{1}{3}$ %

510182

Zinsberechnung mit Normaltagen

Lösungen zu den Aufgaben

m) $\dfrac{5,75 \cdot 96}{96} = 5,75$ DM o) $\dfrac{64 \cdot 80}{80} = 64,\!-\!-$ DM

Der Zinsdivisor ist in diesen Aufgaben genauso groß wie die Zinstage. Das Ergebnis ist daher 1 % des Kapitals, 5,75 DM bzw. 64,— DM.

Merke: Wenn Zinstage und Zinsdivisor übereinstimmen, sind die Zinsen 1 % des Kapitals. Die Zinstage heißen in diesem Fall **Normaltage.**

Normaltage = Zinsdivisor

Es ist häufig vorteilhaft, die Zinsen mit Hilfe der Normaltage zu berechnen, indem die Zinstage geschickt zerlegt werden.

Beispiel: Lösen Sie das Eingangsbeispiel zur Zinsberechnung mit Zinszahlen mit Hilfe der Normaltage.

$\dfrac{6,30 \cdot 129}{90} =$
	6,30 DM für	90 Tage (Normaltage)
+	2,10 DM für	30 Tage
+	0,42 DM für	6 Tage
+	0,21 DM für	3 Tage
	9,03 DM für	129 Tage

Wie zerlegt man also vorteilhaft bei: **6***

a) 6 %: 63, 48, 72, 24, 80, 86, 16, 75, 62, 35, 126 Zinstage?

b) 4½ %: 42, 22, 96, 36, 72, 30, 28, 84, 120, 18, 32 Zinstage?

c) 5 %: 78, 26, 40, 80, 84, 48, 96, 16, 44, 144, 108 Zinstage?

Lösen Sie jetzt die Aufgaben Nr. 5 a) bis q) noch einmal mit Hilfe der Normaltage. Zerlegen Sie die Zinstage, wie Sie es in Aufgabe Nr. 6 geübt haben. **7**

Berechnen Sie die Zinsen für folgende Kapitalien nach der Tageszinsformel: **8**

a) 2 635,— DM zu 4¾ % vom 26. Januar bis 1. Oktober

b) 512,75 DM zu 8,5 % vom 16. März bis 8. Juli

c) 8 150,— DM zu 4½ % vom 31. Mai bis 16. September

d) 1 203,40 DM zu 3⅓ % vom 30. Juni bis 12. Oktober

e) 18 540,— DM zu 7½ % vom 10. Januar bis 31. Dezember

f) 702,80 dkr zu 6,5 % vom 1. Februar bis 15. August

g) 495,50 sfrs zu 5⅗ % vom 29. April bis 4. Juni

h) 3 112,— FF zu 9,5 % vom 8. Juli bis 5. Dezember

Berechnen Sie die Kreditzinsen mit Hilfe der Normaltage. **9**

a) 15 000,— DM (18 000,— DM) zu 4 % vom 10.02. bis 10.10.

b) 32 000,— DM (46 000,— DM) zu 5 % vom 30.01. bis 20.09.

c) 10 000,— DM (20 000,— DM) zu 4½ % vom 12.03. bis 02.11.

d) 8 200,— DM (6 400,— DM) zu 3¾ % vom 01.05. bis 31.08.

---

10 Berechnen Sie die Rückzahlung einschließlich der aufgelaufenen Darlehens-zinsen.

	Darlehensbetrag	Zinssatz	Aufnahme	Rückzahlung
a)	6 100,— DM (4 900,—)	$3\frac{1}{3}$ %	15.01. (25.02.)	30.05. (31.07.)
b)	25 000,— DM (16 000,—)	$4\frac{1}{2}$ %	01.03. (31.03.)	21.06. (30.06.)
c)	280,— DM (315,—)	$6\frac{1}{2}$ %	07.02. (02.04.)	19.07. (05.11.)
d)	5 500,— DM (6 200,—)	7,5 %	10.04. (29.06.)	05.08. (28.12.)
e)	60,— DM (50,—)	$9\frac{1}{2}$ %	06.10. (01.08.)	31.10. (01.10.)

11 Ein Kunde ist mit der Begleichung von 3 Rechnungen seit längerer Zeit im Rück-stand, und zwar:

Rechnung AR 393: 432,— DM, fällig am 08.03.

Rechnung AR 612: 1 850,— DM, fällig am 31.03.

Rechnung AR 806: 708,— DM, fällig am 03.05.

Wie hoch ist unsere Forderung zum 30.06. einschl. 5 % Verzugszinsen?

12 Eine Hypothek im Betrag von 214 500,— DM wird am 01.03. eines Jahres auf-genommen. Sie wird mit 6,5 % verzinst und mit 1 % getilgt.

Welcher Betrag ist erstmalig am 01.09. für Zinsen und Tilgung zu zahlen?

13 Ein Kredit von 18 750,— DM ist mit 8,75 % zu verzinsen. Welcher Betrag ist einschließlich Zinsen am 15.10. zurückzuzahlen, wenn das Darlehen am 22.01. in Anspruch genommen wurde?

14 Laut Rechnungskopie sandten wir der Firma Gebr. Becker am 16.05. Waren im Wert von 8 840,— DM. Die Zahlungsbedingung lautet: 3 Monate Ziel. Wieder-holte Mahnung war bisher erfolglos. Wir ziehen daher den überfälligen Betrag zuzüglich 6,70 DM Mahnspesen und $6\frac{1}{2}$ % Verzugszinsen am 15.12. durch Postnachnahme ein.

a) Wie hoch ist der Gesamtbetrag unserer Forderung?

b) Welcher Betrag wird auf dem anhängenden Zahlschein eingesetzt?

Zinssätze, die nicht ohne Rest in 360 enthalten sind

Bisher kamen nur Zinssätze vor, für die es einen bequemen Zinsdivisor gibt, also Zinssätze, die restlos in 360 enthalten sind. Wie rechnet man aber mit solchen Zinssätzen, die nicht ohne Rest in 360 enthalten sind?

Beispiel: Wieviel DM betragen die Zinsen von 4 800,— DM vom 15. Mai bis 12. Oktober zu a) $3\frac{1}{2}$ %, b) $4\frac{3}{4}$ %?

Lösung zu a): Zinsen zu 3 % $= \dfrac{48 \cdot 150}{120} = 60,$— DM

+ Zinsen zu $\frac{1}{2}$ % = 60 : 6 $= 10,$— DM

Zinsen zu $3\frac{1}{2}$ % = $\underline{70,$— DM}

510184

zu b):   Zinsen zu 5 % $= \dfrac{48 \cdot 150}{72} = 100{,}—\ \text{DM}$

$\quad\quad$ $-$ Zinsen zu $\frac{1}{4}$ % $= 100 : 20 =\quad 5{,}—\ \text{DM}$

$\quad\quad\quad$ Zinsen zu $4\frac{3}{4}$ % $=\qquad\qquad 95{,}—\ \text{DM}$

Merke: **Zinssätze, die nicht ohne Rest in 360 enthalten sind und daher keinen bequemen Zinsdivisor ergeben, können zerlegt werden.** So berechnet man bei $5\frac{1}{2}$ % zuerst die 5%igen Zinsen und dann die $\frac{1}{2}$%igen als $\frac{1}{10}$ der Zinsen zu 5 %. Bei $2\frac{2}{3}$ % $= 2$ % $+ \frac{2}{3}$ % (= der 3. Teil der Zinsen von 2 %) oder 3 % $- \frac{1}{3}$ % (= der 9. Teil der Zinsen von 3 %).

Beachte: Ist der Zinssatz nicht ohne Rest in 360 enthalten, so kann man auch so rechnen:

$$\text{Zinsen} = \frac{\text{Zinszahl} \cdot \text{Zinssatz}}{360}$$

Lösung $\quad$ *zu a):* $\ \text{Zinsen} = \dfrac{7\,200 \cdot 3{,}5}{360} = 70{,}—\ \text{DM}$

$\quad\quad\quad$ *zu b):* $\ \text{Zinsen} = \dfrac{7\,200 \cdot 4{,}75}{360} = 95{,}—\ \text{DM}$

Wie kann man die folgenden Zinssätze zerlegen? $\qquad\qquad$ **15***

a) $5\frac{1}{2}$ %   c) $3\frac{1}{4}$ %   e) $4\frac{3}{8}$ %   g) $2\frac{1}{4}$ %   i) 11 %

b) $4\frac{1}{3}$ %   d) 7 %   f) $4\frac{1}{4}$ %   h) $2\frac{3}{4}$ %   k) $5\frac{1}{4}$ %

(z. B.: $4\frac{3}{8}$ % $= 4$ % $+ \frac{1}{4}$ % $+ \frac{1}{8}$ % oder: 5 % $- \frac{5}{8}$ %)

Beachte: Man schreibt den Zinssatz nicht als Dezimalzahl, also nicht etwa 3,5 % statt $3\frac{1}{2}$ %. Die Zerlegung des Zinssatzes führt rascher zum Ziel.

Berechnen Sie die Zinsen von: $\qquad\qquad\qquad\qquad\qquad\qquad\qquad$ **16**

a) $\quad$ 420,— DM ($\quad$ 780,—) zu $4\frac{1}{3}$ % ($4\frac{3}{4}$ %) $\quad$ vom 10. Juni bis 16. Sept.

b) 7 850,— DM (8 360,—) zu $5\frac{1}{4}$ % ($5\frac{1}{2}$ %) $\quad$ vom 28. März bis 31. Aug.

c) $\quad$ 946,30 DM ($\quad$ 552,70) zu $8\frac{1}{2}$ % ($8\frac{1}{4}$ %) $\quad$ vom 30. Aug. bis 31. Dez.

d) 21 853,— DM (61 305,—) zu $9\frac{5}{6}$ % ($9\frac{1}{5}$ %) $\quad$ vom 11. Juni bis 1. Nov.

e) $\quad$ 791,75 DM ($\quad$ 102,50) zu $4\frac{7}{8}$ % ($4\frac{1}{5}$ %) $\quad$ vom 1. Juni bis 15. Okt.

f) 5 525,— DM (6 475,—) zu $3\frac{5}{8}$ % ($3\frac{7}{8}$ %) $\quad$ vom 15. Febr. bis 3. Juni

---

Berechnen Sie für die folgenden überfälligen Rechnungsbeträge die Verzugs- $\quad$ **17**
zinsen und die nunmehr von den Kunden zu zahlenden Beträge.

	Rechnungsbetrag	Rechnungsdatum	Ziel	Verzugszinsen	Stichtag
a)	15 000,— DM	10.01.	2 Monate	$5\frac{1}{2}$ %	30.04.
b)	650,— DM	31.01.	3 Monate	$4\frac{3}{4}$ %	30.06.
c)	812,40 DM	01.06.	1 Monat	$5\frac{1}{4}$ %	15.09.
d)	4 532,80 DM	15.08.	2 Monate	$6\frac{1}{3}$ %	31.12.

18 Berechnen Sie die Darlehensrückzahlung einschließlich Zinsen.

a) 275,— DM (6 180,— DM) zu $8\frac{1}{2}$ %   vom 31.03. bis 30.12.
(vom 30.03. bis 31.08.)

b) 4 136,— DM (702,— DM) zu $6\frac{2}{3}$ %   vom 18.01. bis 02.06.
(vom 28.03. bis 12.09.)

c) 8 325,— DM (7 615,— DM) zu $5\frac{1}{2}$ %   vom 21.05. bis 15.10.
(vom 01.02. bis 31.12.)

d) 692,— DM (875,— DM) zu $7\frac{7}{8}$ %   vom 06.07. bis 01.11.
(vom 05.05. bis 11.11.)

19 Ein Geschäftsmann nahm am 12.03. bei seiner Bank ein Darlehen in Höhe von 18 600,— DM auf. Am 10.06. desselben Jahres zahlte er 5 200,— DM und am 15.07. 8 400,— DM zurück. Wie groß ist die Restzahlung am 10.08., wenn er die Gesamtschuld mit $7\frac{1}{4}$ % verzinsen muß?

20 Berechnen Sie die Rückzahlung für folgende Resthypotheken einschließlich Zinsen:

a) 55 000,— DM zu $6\frac{3}{4}$ % vom 30. März d. J.   bis 16. Juni d. J.

b) 21 000,— DM zu $7\frac{7}{8}$ % vom 30. Juni d. J.   bis 31. August d. J.

c) 8 750,— DM zu $5\frac{1}{2}$ % vom 15. Oktober v. J.   bis 10. Februar d. J.

d) 3 625,— DM zu $9\frac{2}{3}$ % vom 10. Dezember v. J.   bis 1. Juni d. J.

21 Berechnen Sie die Zinsen von:

a) hfl   38 175,20 zu $3\frac{3}{4}$ vom 15. März d. J.   bis 19. Juni d. J.

b) sfrs   16 840,75 zu $6\frac{1}{4}$ vom 28. Mai d. J.   bis 12. September d. J.

c) Lit   210 320,60 zu $5\frac{1}{2}$ vom   7. April d. J.   bis 25. Juli d. J.

d) skr   49 260,45 zu $7\frac{5}{8}$ vom 22. Juli d. J.   bis 15. Oktober d. J.

e) Pta   85 745,30 zu $8\frac{5}{8}$ vom 15. August d. J.   bis 22. November d. J.

Beachte: In England werden die Monate kalendermäßig und das Jahr mit 365 Tagen gerechnet.

Die **englische Tageszinsen-Formel** lautet also:

$$\text{Zinsen} = \frac{\text{Kapital} \cdot \text{Tage} \cdot \text{Zinssatz}}{100 \cdot 365}$$

Dadurch ergibt sich für das Rechnen ohne Rechenmaschinen oder Taschenrechner der schwerwiegende Nachteil, daß sich der Zinssatz im Zähler nur noch in wenigen Fällen gegen die 365 im Nenner kürzen läßt. Um mit denselben Zinsdivisoren, die wir bei der Euro-Zinsmethode erlernt haben, auch hier arbeiten zu können, erweitern wir den rechten Term der Formel mit 360:

$$\text{Zinsen} = \frac{\text{Kapital} \cdot \text{Tage} \cdot \text{Zinssatz}}{100 \cdot 365} \cdot \frac{360}{360} = \frac{\text{Kapital} \cdot \text{Tage} \cdot \text{Zinssatz}}{100 \cdot 360} \cdot \frac{360}{365}$$

$$\text{oder: Zinsen} = (\text{Zinszahl} : \text{Zinsdivisor}) \cdot \frac{72}{73}$$

510186

Merke: Bei englischer Art der Zinsberechnung rechnet man zunächst nach der Euro-Zinsmethode. Dann zieht man von dem vorläufigen Ergebnis den 73. Teil ab.

Beispiel: Berechnen Sie die Zinsen von 982,78 £ zu 3 % vom 25. Juni bis 15. Oktober.

Zinstage = 112

$$\frac{9,8278 \cdot 112}{120} = 9,173$$

'/. 0,126 ($\frac{1}{73}$ des Ergebnisses)

9,047 = 9,05 £

Beachte: Immer mit 3 Dezimalen einsetzen! Warum?

Berechnen Sie die Guthaben einschließlich Zinsen nach englischer Art.　　　**22**

a)　48,60 £ zu $6\frac{1}{2}$ %　　vom 01.04. bis 15.08.　　(21.05. bis 31.12.)

b)　16,43 £ zu $3\frac{1}{3}$ %　　vom 30.03. bis 30.06.　　(03.03. bis 30.11.)

c) 244,55 £ zu $8\frac{1}{2}$ %　　vom 10.07. bis 31.12.　　(01.06. bis 01.10.)

d)　36,25 £ zu $5\frac{1}{4}$ %　　vom 26.01. bis 31.07.　　(31.01. bis 30.08.)

e) 582,73 £ zu $4\frac{3}{4}$ %　　vom 08.02. bis 10.06.　　(11.02. bis 03.10.)

f)　75,87 £ zu $7\frac{7}{8}$ %　　vom 12.05. bis 04.11.　　(05.05. bis 15.07.)

II. Berechnen der Zinseszinsen

Wenn die Zinsen in bestimmten Zeitabständen gutgeschrieben und im folgenden Zeitabschnitt mitverzinst werden, spricht man von Zinseszinsen. Hierbei werden also außer dem Kapital auch die jeweils aufgelaufenen (kapitalisierten) Zinsen mitverzinst.

Beispiel: Auf welchen Betrag wächst ein Kapital von 30 000,— DM bei jährlichem Zinszuschlag von 6 % in 4 Jahren an?

Anfangskapital	= 30 000,— DM	
+ Zinsen für 1. Jahr =	1 800,— DM	
	31 800,— DM	= Kapital am Anfang des 2. Jahres
+ Zinsen für 2. Jahr =	1 908,— DM	
	33 708,— DM	= Kapital am Anfang des 3. Jahres
+ Zinsen für 3. Jahr =	2 022,48 DM	
	35 730,48 DM	= Kapital am Anfang des 4. Jahres
+ Zinsen für 4. Jahr =	2 143,83 DM	
	37 874,31 DM	= Kapital am Ende des 4. Jahres

Diese Art der Berechnung ist – besonders wenn es sich um viele Jahre und unbequeme Zinssätze handelt – zeitraubend und umständlich. Daher werden in der Praxis Tabellen *(Zinseszinstafeln)* benutzt. In diesen sind die Zinseszinsen für eine lange Folge von Jahren und für die üblichen Zinssätze, ausgehend von 1,— DM Grundbetrag, berechnet. In den Tabellen kann man ablesen, auf welchen Endbetrag 1,— DM Anfangsbetrag in einer bestimmten Anzahl von Jahren zu einem bestimmten Zinssatz anwächst.

In dem Eingangsbeispiel finden wir in der Tabelle bei 4 Jahren und 6 % den Endbetrag von 1,26248. Die Beträge sind auf 5 Dezimalen berechnet, damit das Ergebnis bei größeren Kapitalien noch möglichst genau wird. Wir wissen also jetzt, daß ein Betrag von 1,— DM in 4 Jahren bei 6 % Zinsen mit Zinseszinsen auf 1,26248 DM anwächst. Mithin wachsen 30000,— DM auf 37874,40 DM an. Der Unterschied von 9 Pf gegenüber unserer Rechnung ist unbedeutend.

In der ersten Spalte (n) sind die Jahre (1–20) angegeben. Aus den folgenden Spalten kann abgelesen werden, auf welchen Betrag 1,— DM in einer bestimmten Anzahl von Jahren zu dem jeweiligen Zinssatz einschließlich Zinseszinsen anwächst. Diese Tabellenwerte heißen **Aufzinsungsfaktoren**.

n \ p	4,5 %	5 %	5,5 %	6 %	7 %	8 %	p \ n
1	1,045	1,05	1,055	1,06	1,07	1,08	1
2	1,09203	1,1025	1,11303	1,1236	1,1449	1,1664	2
3	1,14117	1,15763	1,17424	1,19102	1,22504	1,25971	3
4	1,19252	1,21551	1,23882	1,26248	1,31080	1,36049	4
5	1,24618	1,27628	1,30696	1,33823	1,40255	1,46933	5
6	1,30226	1,34010	1,37884	1,41852	1,50073	1,58687	6
7	1,36086	1,40710	1,45468	1,50363	1,60578	1,71382	7
8	1,42210	1,47746	1,53469	1,59385	1,71819	1,85093	8
9	1,48610	1,55133	1,61909	1,68948	1,83846	1,99900	9
10	1,55297	1,62889	1,70814	1,79085	1,96715	2,15893	10
11	1,62285	1,71034	1,80209	1,89830	2,10485	2,33164	11
12	1,69588	1,79586	1,90121	2,01220	2,25219	2,51817	12
13	1,77220	1,88565	2,00577	2,13293	2,40985	2,71962	13
14	1,85194	1,97993	2,11609	2,26090	2,57853	2,93719	14
15	1,93528	2,07893	2,23248	2,39656	2,75903	3,17217	15
16	2,02237	2,18287	2,35526	2,54085	2,95216	3,42594	16
17	2,11338	2,29202	2,48480	2,69277	3,15882	3,70002	17
18	2,20848	2,40662	2,62147	2,85434	3,37993	3,99602	18
19	2,30786	2,52695	2,76565	3,02560	3,61653	4,31570	19
20	2,41171	2,65330	2,91776	3,20714	3,86968	4,66096	20

Merke: **Endkapital** = Aufzinsungsfaktor (lt. Tabelle) · Anfangskapital
Anfangskapital = Endkapital : Aufzinsungsfaktor (lt. Tabelle)

In Formeln dargestellt:

$$K_n = K_0 \cdot q^n \ \text{ und } \ K_0 = K_n : q^n$$

dabei bedeuten:

$K_0 =$ Anfangskapital
$K_n =$ Endkapital
$q^n =$ Aufzinsungsfaktor

510188

Berechnen Sie das Endkapital mit Zinseszinsen. **1**

a) Anfangskapital   2 000,— DM   6 Jahre 8   %   (15 Jahre $5\frac{1}{2}$ %)
b) Anfangskapital   8 000,— DM   10 Jahre 5,5 %   (6 Jahre 8   %)
c) Anfangskapital 10 000,— DM   7 Jahre $4\frac{1}{2}$ %   (11 Jahre 7   %)
d) Anfangskapital   900,— DM   15 Jahre 6   %   (5 Jahre 4,5 %)
e) Anfangskapital 35 000,— DM   20 Jahre 7   %   (18 Jahre 6   %)
f) Anfangskapital   6 500,— DM   4 Jahre $4\frac{1}{2}$ %   (6 Jahre 5,5 %)

Ermitteln Sie das Endergebnis: **2**

a) mit einf. Zinsen,   b) mit Zinseszinsen,   c) Stellen Sie den Unterschied fest.

a) Anfangskapital   4 530,— DM   5 Jahre 6 %   (14 Jahre 8   %)
b) Anfangskapital   625,— DM   12 Jahre 8 %   (7 Jahre 5,5 %)
c) Anfangskapital   3 180,— DM   9 Jahre 5 %   (3 Jahre 6   %)
d) Anfangskapital 50 000,— DM   16 Jahre 7 %   (19 Jahre 4,5 %)
e) Anfangskapital   775,— DM   4 Jahre 8 %   (6 Jahre 5,5 %)

Berechnen Sie das Anfangskapital. **3**

a) 14 142,63 DM (3 394,23 DM)   5 Jahre 4,5 %
b)   8 667,— DM (43 349,75 DM)   16 Jahre 7   %
c)   2 018,81 DM (1 448,30 DM)   15 Jahre 6   %
d)   4 714,01 DM (808,12 DM)   20 Jahre 8   %
e)   7 030,57 DM (44 336,95 DM)   8 Jahre 5,5 %

Welchen Betrag muß ein Vater für die Aussteuer seiner Tochter, die gerade drei **4**
Jahre alt geworden ist, bei 4,5 % Verzinsung auf ein Sparkonto einzahlen, wenn
der Tochter an ihrem 21. Geburtstag ein Sparguthaben von 10 000,— DM von
der Bank ausgezahlt werden soll?

Ein Junge im Alter von 6 Jahren erhält ein Erbteil in Höhe von 15 000,— DM. **5**
Sein Vormund legt diesen Betrag auf einem Sparkonto an. Der Zins ist unver-
ändert 5 %. Über welchen Betrag kann der Junge an seinem 25. Geburtstag
verfügen?

Drei Kinder im Alter von 2, 6 und 10 Jahren sollen jeweils im Alter von 21 Jahren **6**
ein Sparguthaben von 12 000,— DM besitzen. Welchen Gesamtbetrag müssen
die Eltern einzahlen, wenn sie von einer laufenden Verzinsung ihrer Einlagen mit
mindestens 4,5 % (6 %) ausgehen?

Ein Sparbrief Typ A der XY-Bank hat eine Laufzeit von 4 Jahren und einen Zins- **7**
satz von 5,5 %. Ein Sparer erwirbt einen Brief von 26 000,— DM Nennwert. Der
Ausgabepreis ist der Nennwert abzüglich Zinsen und Zinseszinsen. Die Rückzahlung erfolgt am Fälligkeitstag zum Nennwert. Wie hoch war der Ausgabepreis?

III. Berechnen von Kapital, Zinssatz und Zeit

Die Tageszinsformel lautet in unverkürzter Form:

$$\text{Zinsen} = \frac{\text{Kapital} \cdot \text{Zinssatz} \cdot \text{Zeit}}{100 \cdot 360}$$

Diese Formel wird nach der Größe „Kapital" aufgelöst. Zu diesem Zweck werden die beiden Seiten der Gleichung erst mit 100, dann mit 360 multipliziert. Danach werden die beiden Seiten der Gleichung erst durch den Zinssatz und dann durch die Zeit dividiert. Das ergibt:

$$\frac{100 \cdot 360 \cdot \text{Zinsen}}{\text{Zinssatz} \cdot \text{Zeit}} = \frac{\text{Kapital} \cdot \text{Zinssatz} \cdot \text{Zeit} \cdot 100 \cdot 360}{100 \cdot 360 \cdot \text{Zinssatz} \cdot \text{Zeit}}$$

Man kürzt auf der rechten Seite der Gleichung 100 gegen 100, 360 gegen 360, Zinssatz gegen Zinssatz und Zeit gegen Zeit. Dann bleibt die Formel übrig:

$$\text{Kapital} = \frac{\text{Zinsen} \cdot 100 \cdot 360}{\text{Zinssatz} \cdot \text{Zeit}}$$

Auf die gleiche Weise ergeben sich die Formeln für Zinssatz und Zeit:

$$\text{Zinssatz} = \frac{\text{Zinsen} \cdot 100 \cdot 360}{\text{Kapital} \cdot \text{Zeit}} \qquad \text{Zeit} = \frac{\text{Zinsen} \cdot 100 \cdot 360}{\text{Kapital} \cdot \text{Zinssatz}}$$

Beachte: Die drei Formeln haben den gleichen Zähler. Er lautet: Zinsen · 100 · 360. Die Nenner enthalten die jeweils noch fehlenden beiden übrigen Größen.

Die Formel kann auch mit Hilfe des Dreisatzes abgeleitet werden.
Welches Kapital bringt zu 4 % in 216 Tagen 29,76 DM Zinsen?

4,— DM Zinsen in 360 Tagen von 100 DM Kapital

1,— DM Zinsen in 360 Tagen von $\dfrac{100}{4}$ DM Kapital

29,76 DM Zinsen in 360 Tagen von $\dfrac{100 \cdot 29,76}{4}$ DM Kapital

29,76 DM Zinsen in 1 Tag von $\dfrac{100 \cdot 29,76 \cdot 360}{4}$ DM Kapital

29,76 DM Zinsen in 216 Tagen von $\dfrac{100 \cdot 29,76 \cdot 360}{4 \cdot 216} = 1\,240,—$ DM Kapital

Also lautet die Formel wie oben:

$$\text{Kapital} = \frac{\text{Zinsen} \cdot 100 \cdot 360}{\text{Zinssatz} \cdot \text{Zeit}}$$

510190

Welches Kapital bringt im Jahr **1**

a) bei 5 % 30,— DM Zinsen? d) bei 2½ % 19,— DM Zinsen?

b) bei 3⅓ % 50,— DM Zinsen? e) bei 3 % 120,— DM Zinsen?

c) bei 4 % 32,— DM Zinsen? f) bei 4½ % 90,— DM Zinsen?

Beachte: In der Formel für die Berechnung des Kapitals wird hier die Zeit mit 360 Tagen eingesetzt werden; dann hebt sich 360 gegen 360 auf, und es bleibt die Formel übrig:

$$\text{Kapital} = \frac{\text{Zinsen} \cdot 100}{\text{Zinssatz}}$$

100 : Zinssatz nennt man den **Kapitalisierungsfaktor**. Er ist bei der Aufgabe Nr. 1 a = 100 : 5 = 20. Das bedeutet: **Man multipliziert die Zinsen mit dem Kapitalisierungsfaktor und erhält das Kapital.** Lösen Sie die Aufgabe Nr. 1 mit Hilfe des Kapitalisierungsfaktors.

Welches Kapital bringt **2**

a) vom 15.06. bis 15.11. bei 6½ % 230,— DM Zinsen?

b) vom 30.07. bis 30.11. bei 8¼ % 195,— DM Zinsen?

c) vom 12.03. bis 31.07. bei 5¾ % 848,75 DM Zinsen?

d) vom 12.02. bis 30.07. bei 4½ % 910,50 DM Zinsen?

Die Firma Otto Darmstädter erhielt am 10.05. von ihrer Bank einen Kredit zu **3** 8,5 % und zahlte am 30.09. 740,— DM Zinsen. Wie hoch war demnach der gegebene Kredit?

Wie hoch war der Kredit, den ein Geschäftsmann bei seiner Bank in Anspruch **4** nahm, wenn er für die Zeit vom 10.05. bis 25.11. bei einem Sollzinssatz von 7 % 282,10 DM Zinsen zu zahlen hatte?

Ein säumiger Schuldner überwies seinem Lieferer für die Zeit vom 25.07. bis **5** 31.12. bei 6 % 116,25 DM Verzugszinsen. Von welchem Rechnungsbetrag wurden die Zinsen berechnet?

Berechnen Sie den Zinssatz. **6**

a) 12 500,— DM am 06.02. ausgel. u. am 31.12. mit 13 343,75 DM zurückgez.

b) 7 890,— DM am 14.03. ausgel. u. am 30.11. mit 8 268,72 DM zurückgez.

c) 24 550,— DM am 11.04. ausgel. u. am 06.08. mit 25 275,42 DM zurückgez.

Die Stadtsparkasse in M. gewährte Herrn R. am 01.03. eine Hypothek von **7** 42 000,— DM. Herr R. bezahlt erstmals am 01.09. 1 680,— DM für das abgelaufene Halbjahr. Dieser Betrag enthält Zinsen und 1 % Tilgung.

a) Welcher Zinssatz (pro Jahr) war vereinbart?

b) Welcher Betrag war ab 01.03. des nächsten Jahres zu verzinsen?

8 Ein Kredit in Höhe von 9 600,— DM wurde am 16.07. eingeräumt und nach einem Vierteljahr einschließlich Zinsen mit 9 756,— DM zurückgezahlt. Zu wieviel Prozent wurde das ausgeliehene Kapital verzinst?

9 Ein Rechnungsbetrag in Höhe von 4 384,— DM war am 26.05. fällig. Er wurde am 01.10. zuzüglich Mahnkosten von 3,40 DM und Verzugszinsen mit 4 493,96 DM beglichen. Wieviel Prozent Verzugszinsen wurden dem Kunden berechnet?

10 Berechnen Sie den Tag der Rückzahlung für:
a) 1 200,— DM am 15.01. ausgel. u. bei $8\frac{1}{2}$ % mit 1 235,70 DM zurückgezahlt
b) 3 450,— DM am 31.03. ausgel. u. bei $7\frac{3}{4}$ % mit 3 607,45 DM zurückgezahlt
c) 7 820,— DM am 06.08. ausgel. u. bei $9\frac{1}{2}$ % mit 8 022,23 DM zurückgezahlt

11 Eine Bank hat einem Geschäftsmann ein Darlehen von 40 000,— DM gewährt, wofür er monatlich 225,— DM Zinsen bezahlen muß. Für einen Teil des Darlehens, das sind 25 000,— DM, bezahlt er 6 % Zinsen. Wie hoch ist der Zinssatz des Restdarlehens?

12 Wann wurde ein Darlehen von 1600,— DM zu 9 % gegeben, wenn am 31.12. einschließlich Zinsen 1 674,40 DM zurückgezahlt wurden?

13 Ein Kredit von 9 800,— DM wurde am 15.03. zu 6,5 % gewährt. Wann wurde er zuzüglich Zinsen mit 10 000,— DM zurückgezahlt?

14 Ein Gebäude im Wert von 485 000,— DM wirft einen Reinertrag von 31 525,— DM ab. Wie hat sich das investierte Kapital verzinst?

Merke: **Effektive Verzinsung** = $\dfrac{\text{Jahresertrag} \cdot 100}{\text{Kapitaleinsatz}}$

Die effektive Verzinsung nennt man auch **Rendite**.

15 Welches Kapital bringt in 60 Tagen zu $5\frac{1}{4}$ % Zinsen genau so viel Zinsen wie 75 540,— DM in 30 Tagen zu 7,5 %?

16 Müller wird ein Haus zum Kauf angeboten. Kaufpreis 180 000,— DM; I. Hypothek 80 000,— DM zu 5 % verzinslich. Jährliche Kosten (welche?) etwa 2 000,— DM. Monatliche Miete = 1 155,— DM. Wie hoch verzinst sich das in dem Haus angelegte eigene Kapital?

Vergleichen Sie damit die gegenwärtige Verzinsung von Spareinlagen und festverzinslichen Wertpapieren (Pfandbriefen, Schuldverschreibungen).

510192

An der Firma Dörr & Sohn ist Herr Baldung als stiller Teilhaber mit 75 000,— DM **17** beteiligt. Nach dem Gesellschaftsvertrag erhält er 5 % Zinsen von seinem Kapital und zusätzlich 8 % von dem Jahresgewinn, soweit dieser 200 000,— DM jährlich übersteigt.

Jahresgewinne: 1. Jahr   2. Jahr   3. Jahr
                234 248,70 DM   267 994,40 DM   291 070,40 DM

a) Wieviel Zinsen erhielt B. am Ende des jeweiligen Geschäftsjahres?

b) Wie hoch ist der durchschnittliche Zinssatz in den drei Jahren?

Ein Makler bietet S. ein Mietshaus zum Kauf an, das mit einer Hypothek von **18** 125 000,— DM zu 5½ % belastet ist. Die monatlichen Mieteinnahmen betragen 2 535,— DM, die laufenden Kosten jährlich 4 680,— DM. Welchen Kaufpreis kann S. höchstens anlegen, wenn er sein Kapital mit mindestens 6 % verzinsen will?

Ein Kaufmann nimmt bei einer Bank am 15.06. einen Kredit von 10 500,— DM **19** auf und zahlt ihn am 30.09. einschließlich Zinsen mit 10 729,70 DM wieder zurück.

Welcher Zinssatz war vereinbart?

Ein Kaufmann erwirbt zum Bau einer Lagerhalle das günstig gelegene Nachbar- **20** grundstück. Hierfür erhält er am 12.05. eine Hypothek über 125 000,— DM.

Zum Jahresende belastet die Bank sein Konto für Zinsen mit 4 947,92 DM. Welcher Zinssatz wurde vereinbart?

Wir erhalten eine Rechnung über 75 190,— DM, zahlbar in 60 Tagen oder mit **21** 2 % Skonto bei Zahlung innerhalb 10 Tagen.

a) Welchem Zinssatz entspricht der Skontoabzug von 2 %?

b) Lohnt es sich, gegebenenfalls für 14 Tage einen Bankkredit in Anspruch zu nehmen, um den Skontoabzug ausnutzen zu können? Die Bank berechnet 8 % Sollzinsen.

M. Reich kauft ein Geschäftshaus für 650 400,— DM. 300 000,— DM bringt **22** er selbst auf; 250 000,— DM stellt ihm die Stadtsparkasse als I. Hypothek zum Zinssatz von 5¼ % zur Verfügung, den Restbetrag beschafft er sich als II. Hypo- thek. Halbjährlich bezahlt er für Hypothekenzinsen 10 327,50 DM. Wie hoch war der Zinssatz für die II. Hypothek?

Auf dem Gutschriftzettel einer Banküberweisung ist als Verwendungszweck ver- **23** merkt: „Einschließlich 5½ % Verzugszinsen für die Zeit vom 15.06.–03.09. und 4,80 DM Mahngebühren". Die Überweisung lautet über 6 580,23 DM. Da noch mehrere Rechnungen dieses Schuldners offen sind, ist festzustellen, welcher Rechnungsbetrag hier ausgeglichen wurde.

IV. Verzinsen mehrerer Beträge zum gleichen Zinssatz

Beispiel: Berechnen Sie die Bankschuld eines Kaufmanns zum 31.12. zuzüglich 8 % Sollzinsen bei folgenden Schuldbeträgen: 3 000,— DM, fällig 03.08.[1], 800,— DM, fällig 14.09., 4 200,— DM, fällig 01.11., 2 000,— DM, fällig 25.11.

Die Zinsberechnung für die einzelnen Beträge ergibt:

1. Betrag	2. Betrag	3. Betrag	4. Betrag
$\dfrac{30 \cdot 150}{45}$	$\dfrac{8 \cdot 108}{45}$	$\dfrac{42 \cdot 60}{45}$	$\dfrac{20 \cdot 36}{45}$
$= 100,\!— \text{ DM}$	$= 19,\!20 \text{ DM}$	$= 56,\!— \text{ DM}$	$= 16,\!— \text{ DM}$

$$\begin{aligned} \text{Gesamtbetrag der Schuld} &= 10\,000,\!— \text{ DM} \\ + \ \text{Gesamtbetrag der Zinsen} &= \quad\ 191,\!20 \text{ DM} \\ \hline \text{Bankschuld per 31.12.} &= 10\,191,\!20 \text{ DM} \end{aligned}$$

Die gesonderte Zinsberechnung für die einzelnen Beträge ist unpraktisch, weil die 4 Nenner (Zinsteiler) gleich sind. Diesen Vorteil nutzt man aus. Man rechnet für jeden einzelnen Betrag zunächst den Zähler aus, das ist die Zinszahl. Also (30 · 150) und (8 · 108) und (42 · 60) und (20 · 36).

Beachte: **Zinszahlen** werden immer auf **ganze Zahlen** gerundet (z. B. 6,32 = 6; 127,65 = 128). Zinszahlen werden also nie mit Dezimalen eingesetzt.

Die **Summe der Zinszahlen** wird **durch** den **gemeinsamen Zinsdivisor** geteilt.

Beachte: Machen Sie bei solchen und ähnlichen Aufgaben immer erst eine *übersichtliche Aufstellung in einwandfreier Form und sauberer Schrift.*

Lösung:

	Tage	#
3 000,— DM fällig am 03.08.	150	4 500
800,— DM fällig am 14.09.	108	864
4 200,— DM fällig am 01.11.	60	2 520
2 000,— DM fällig am 25.11.	36	720
10 000,— DM		8 604 : 45 = 191,2
+ 191,20 DM Zinsen (8 %)		
10 191,20 DM Bankschuld per 31.12.		

Merke: Wenn **zwei oder mehrere Beträge** verzinst werden sollen, werden zuerst **die einzelnen Zinszahlen berechnet;** dann wird die **Summe der Zinszahlen** durch den Zinsdivisor geteilt.

---

1 Fällig 03.08. oder fällig am 03.08. oder Wert 03.08. oder val. 03.08. (valuta = Wert) heißt: von diesem Tag an wird verzinst.

510194

Die ABC-Bank hat dem Kaufmann X einen Kredit von 15 000,— DM eingeräumt. **1**
X verfügt über diesen Kredit, indem er am 15.07. 4 180,— DM und am 01.08.
weitere 3 645,— DM abhebt, ferner am 10.09. 6 720,— DM und am 16.10. den
verbliebenen Restbetrag an Lieferer überweist. Mit welchem Betrag belastet die
Bank sein Konto zum 31.12., wenn sie 7½ % (Soll-)Zinsen und ⅛ % Provision
berechnet?

Berechnen Sie die Bankschuld in folgenden Fällen: **2**

a) per 31.12. bei 6½ % Sollzinsen und folgenden Belastungen:

   2 500,— DM per 12.08., 300,— DM per 03.09., 4 600,— DM per 10.12.

b) per 30.06.: bei 6 % Sollzinsen und folgenden Belastungen:

118,60 DM Wert 31.12. (v. J.)	908,— DM Wert 05.01.
36,75 DM Wert 08.01.	53,40 DM Wert 01.03.
82,— DM Wert 11.03.	201,— DM Wert 21.05.
173,— DM Wert 29.05.	76,50 DM Wert 18.06.
398,60 DM Wert 23.06.	450,— DM Wert 25.06.

c) per 31.12. bei 5½ % Sollzinsen und folgenden Belastungen:

1 550,— DM per 04.07.	708,— DM per 06.07.
2 050,— DM per 31.07.	64,— DM per 01.09.
3 140,— DM per 18.10.	182,— DM per 12.12.

d) per 31.12. bei 7½ % Sollzinsen und folgenden Lastschriften:

1 285,50 DM per 05.07.	658,70 DM per 02.10.
695,— DM per 11.08.	3 428,— DM per 17.11.
4 933,20 DM per 03.09.	5 000,— DM per 04.12.

Berechnen Sie die Bankguthaben. **3**

a) per 30.06. bei 2 % Habenzinsen und folgenden Gutschriften:

2 400,— DM per 15.02.	1 000,— DM per 10.05.
380,— DM per 25.04.	560,— DM per 10.06.

b) per 31.12. bei 2½ % Habenzinsen und folgenden Gutschriften:

475,— DM per 12.07.	145,— DM per 31.08.
2 060,— DM per 04.10.	86,— DM per 01.11.
355,— DM per 15.11.	62,— DM per 20.12.

c) per 30.06. bei 1½ % Habenzinsen und folgenden Gutschriften:

2 150,— DM per 31.12.	318,50 DM per 12.01.
106,75 DM per 03.04.	825,— DM per 31.03.
1 007,— DM per 01.06.	693,40 DM per 16.06.
850,20 DM per 20.06.	726,50 DM per 22.06.

d) per 31.12. bei 2¼ % Habenzinsen mit folgenden Gutschriften:

1 780,— DM per 27.07.	890,— DM per 05.08.
2 140,60 DM per 25.08.	475,10 DM per 12.10.
1 350,— DM per 25.11.	560,— DM per 15.12.

4 Bei einer Sparkasse zahlen wir am 12. April 450,— DM, am 8. Juni 120,— DM, am 27. August 360,— DM, am 12. September 550,— DM und am 17. Oktober 200,— DM ein. Sie vergüten $3\frac{1}{2}$ % Zinsen.

a) Wie hoch ist das Sparguthaben einschließlich Zinsen am 31. Dezember?

b) Wie hoch wäre das Guthaben, wenn wir am 20. November 150,— DM und am 5. Dezember 100,— DM abgehoben hätten?

Beachte: Das einleitende Beispiel kann auch mit Hilfe der sog. **Zinsstaffel** durchgeführt werden.

Der Gang der Rechnung ist folgender:

			Tage	
03.08.	S	3 000,— DM	42	1 260
14.09.	S	800,— DM		
	S	3 800,— DM	48	1 824
01.11.	S	4 200,— DM		
	S	8 000,— DM	24	1 920
25.11.	S	2 000,— DM		
31.12.	S	10 000,— DM	36	3 600
31.12.	S	191,20 DM		8 604 : 45 = 191,20
31.12.	S	10 191,20 DM	Bankschuld per 31.12.	

Welche der Berechnungsarten ist die vorteilhafteste?

5 Lösen Sie die Aufgaben Nr. 1, 2 und 3 mit Hilfe der Zinsstaffel.

6 Ein Kommissionär verkauft für seinen Auftraggeber:

am 15.04.   für 2 180,— DM   gegen Kasse

am 26.05.   für   960,— DM   Ziel 30 Tage

am 18.06.   für 1 625,60 DM   Ziel 60 Tage

Welchen Betrag hat er am 30.09. zu überweisen, wenn er $6\frac{1}{2}$ % Zinsen zu vergüten und 5 % Provision zu beanspruchen hat?

7 Jemand hat am 15.03. ein Darlehen von 20 000,— DM aufgenommen und darauf am 28.08. 8 200,— DM, am 15.10. 3 000,— DM und am 20.12. den Rest des Darlehens einschließlich Zinsen mit 9 592,— DM zurückgezahlt. Welcher Zinssatz war mit dem Darlehensnehmer vereinbart?

8 Der Einzelhändler Schulz schuldet uns für gelieferte Waren: 1 260,— DM, fällig am 17.04., 6 175,50 DM, fällig am 05.05., 3 817,40 DM, fällig am 22.06., und 822,80 DM, fällig am 15.07. Welchen Betrag hat er am 31.07. einschließlich $5\frac{1}{2}$ % Verzugszinsen zu überweisen?